经营者思维

赢在战略人力资源管理

彭剑锋　张建国 ◎ 著

中国人民大学出版社
·北京·

序一
从华为实践到我的人力资源管理观

彭剑锋

管理就是实践，实践是理论研究者最伟大的老师。这是我三十年来治学路上的信仰、坚守的风格，也是我二十多年管理咨询实践中始终肩扛的旗帜。

1995年我初识华为时，还是中国人民大学劳动人事学院的一位年轻教师。在读研究生时，我就不是一个传统意义上的安分学生，编书、卖书、搞培训、倒字画，也算有过一些经营实践。留校任教，走上教学岗位后，我总感到人力资源的管理理论是滞后于管理实践的，当时中国企业正步入市场化进程，而理论仍固守传统和原有的结构、体系，理论研究与实践需求相差甚远。

理论与实践本是一体两面，理论研究者不一定要去实践操作，但必须懂实践，必须保持对实践的敏锐感知力和洞察力。尤其是人力资源管理的理论与实践，它的研究对象，既是事，也是人，所以它是理性和感性的结合：既是一门科学，要讲究理性，更是一门艺术，需要感性和情感。在操作层面它还要采用灰度思维——过于理性或过于感性均不可取。那么怎么才能把握灰度思维？唯有一条路：在实践中发现和提炼理论，用理论指导和引领实践。

管理理论来源于实践，又超越实践；扎根于实践，又要引领实践。我认为，管理研究者存在的使命和意义在于价值创造，要为企业的成长和社会的进步创造价值。我们从事应用管理学研究的学者的价值，应来自企业家与企业的价值认可，而不在于发表了多少篇学者与学者之间自娱自乐的"引用"文章。因此，要真正从事应用管理学的研究并有所突破，必须深入企业、扎根企业的案例研究，待在学校、钻进学术的象牙塔里写远离实践的"八股文"，是没有更多社会价值的。

正是基于这样的理念，我才有幸在1995年走进华为，结识了任正非、孙亚芳和张建国这几位对我影响至深的人物。

我一直认为，任正非不仅是一位伟大的企业家，更是一位人性大师。他的伟大之处不仅在于他打造了一个伟大的组织，也在于他个人具有超凡的人格魅力。

第一是他的大气磅礴、立意高远且执著的目标追求。任正非格局大、视野大、气魄大，我们第一次见面时他就说："彭老师，你们人大这些教授，要想人生有所成就，必须跟华为走。十年之后，世界通讯业三分天下，必有华为一份！"这不是狂妄自大，而是自信坚定，这种气魄令人折服。

第二是他超前的用人理念，以及博大宽广的胸怀。知识资本化，人才优先发展，他不仅是这种理念的倡导者，更是坚定不移的执行者。"华为基本法"融入了任正非独特的人才思想，完成了华为对人力资源的系统思考和顶层设计，而且华为坚持把顶层设计落地，最早致力于构建系统化的人

序一 从华为实践到我的人力资源管理观

力资源管理体系。

第三是他对人性的洞悉力。任正非是一位人性大师，具有极强的矛盾驾驭能力和"度"的拿捏、平衡能力。这体现为任正非的灰度领导力特质：对人才的灰度思维使他能够包容有个性、有缺陷的人才；既舍得分享又强调业绩导向，既信任又监督……他对物质与精神、激活与约束、复杂与简单、粗与细等的平衡，对矛盾之间"度"的把握，少有人能企及！

第四是他既有奋斗不息的激情，又尊重组织理性。任正非的伟大之处在于他打造了一个不依赖个人的组织、一支集体奋斗的"狼狈"铁军。把奋斗不息的激情和组织理性完美地结合在一起，打造了华为超强的组织能力，这是任正非超越一般人的地方。

第五是他的"血洗"（学习）能力与自我批判精神。我曾在一篇文章中把任正非超强的学习能力称为"血洗"知识的能力。他能博采众家之长、融会贯通，纳入自己的思想和知识体系，并且能运用到实践中。在自我批判精神、危机感和超强的学习能力方面，任正非一直是我的楷模。

所以，从某种意义上来说，当年与其说是我们在为华为提供咨询，不如说是华为和任正非在帮助我们真正理解人力资源，理解理论和实践应怎样联系起来。任正非很尊重我们这些老师，但实际上他和华为才是我们的老师。老老实实地说，作为国内最早研究管理学的一拨学者，我们的很多理念和思想来自华为的启蒙以及在华为的实践感悟。

如果说任正非是华为人力资源管理的总设计师，那么孙亚芳就是华为人力资源管理体系的实际领导者。孙亚芳女士也是我非常敬佩的一位女企业家。第一，她对任正非思想的理解和坚定不移的执行令人钦佩。第二，在操作层面，她总是能很好地平衡理想和现实，对任正非的一些可能较为偏激的想法在操作层面上作修正，清晰地、务实地描绘出通向目标的可行路径，让任正非的想法能顺利落地。第三，每在华为的关键时刻，她总能挺身而出。第四，她思维缜密、悟性极高、执行力极强，是一位善于发现人才、培养人才的优秀的领导者。第五，她默默无闻、殚精竭虑，对华为的营销体系和人才体系作出了极为重要的贡献。可以说，她是一位既感性又有智慧的伟大女性。

早期华为人力资源管理体系的实际"操盘手"是张建国。在中国的企业家中，张建国的人生是最丰富和独特的，没有人有他这么丰富的人生经历。他是我在华为咨询的第一位项目对接组长，我与他有不解之缘，一生亦师亦友，相互激励。

当时，建国是华为项目对接方的组长，我是顾问组的组长。作为甲乙双方的负责人，我们俩打交道是最多的。那时，因为一起讨论得太晚了，他就在我们顾问小组的宿舍的客厅里住下了。他做事认真执著，天天督促我们立项目、做方案，共同商讨方案的优化。他是任正非和孙亚芳的人力资源管理理念的坚定执行者。

建国是理工科专业研究生毕业，表面看上去是一个典型的"理工男"，性格内敛、思维缜密、做事务实、一丝不苟，但他内心深处其实很浪漫，有梦想，甚至还有点理想主义情怀。当然，他性格中的这一面，是我后来在与他几十年的交往中才发现的，也才真正理解他为什么这么能"折腾"：年轻时舍弃了高校教师的工作，跑到深圳"下海"进了华为，在华为做到主管人力资源副总裁的职位时跑去美国读书，回来后又先后做咨询、创业，任中华英才网总裁，创办人瑞集团。

建国是华为第一任人力资源总监、第一任主管人力资源的副总裁，这

序一　从华为实践到我的人力资源管理观

是他的第一个经历。少为人知的是，他还是华夏基石人力资源顾问公司的创始人。从美国进修学习一年后，建国来到北京，与我等几位同事共同创办了北京华夏基石人力资源顾问公司，并担任第一任总经理。这是他的第二个经历。

我们一起愉快合作了三年。后来他被今日资本的徐新看中，徐新力邀他去中华英才网担任总裁。他应邀到中华英才网担任总裁后，率领团队开疆拓土、变革创新，实现了中华英才网的业绩的高速增长，做到了职业经理人职业生涯的顶峰。然而，他却又放下一切，去上海创立了人瑞集团，开始了艰辛的创业生涯。从深圳到北京，再到上海，建国走出舒适区，不断地自我突破。我真佩服他集咨询师、职业经理人、创业者于一身的丰富而精彩的人生。

虽然建国把职业生涯中的每个角色都能做到称职、做到最好，但我认为他本质上是一个企业家，他骨子里有创业创新的企业家精神，他是一个有很强的人格魅力和领导力的人。人瑞集团刚起步时，大家不是很看好他的商业模式，但建国坚持自己创业的初衷和理念，把人瑞集团做到今天这个规模和行业地位，让人瑞集团成为国内顶尖的专业的一体化人才外包服务平台，趋势向好，未来可期！

我很欣赏建国既激情感性又理性缜密的双重素质，在这一点上他和任正非颇有些相似。当然，如果和他接触不多的话，你从表面上是看不出来这一点的。这一方面缘于他本身所具有的企业家精神，另一方面也是因为他在华为的十年历练，华为的奋斗、拼搏、团队作战文化在他身上留下了烙印。在某种意义上说，是华为文化成就了今日的张建国。

虽然现在从事不同的工作，但我和建国在人力资源管理理念与思维上还是有共性的。而且，虽然我们个性差异很大，但我们相互欣赏、相互学习，是终生的朋友。我很高兴在二十多年后，能携手建国纵论人力资源管理。

在华为的咨询实践开启了我将理论与实践联系起来的治学之路和咨询事业之路，逐步形成和完善了我的人力资源管理观。在和建国共论人力资源管理时，我又有了一些新的思考，现将之总结为20个"金句"，分享给各位读者朋友。

（1）企业经营的本质是经营客户、经营人才，但经营客户最终还是经营人。经营人的本质在于经营人性、经营人心，在于经营人的价值与人的发展。因此，人才经营主要包括三大核心内容：经营人的知识价值、经营人的能力发展、经营人的心理资本。人才经营的核心任务是要通过对知识、对人的智慧资源的管理，构建有效的知识交流、共享、应用、转换、创新平台，激活人的智慧和价值创造潜力，去放大组织的人力资源价值与效能；通过打造人才供应链与能力发展学习系统，来支撑战略目标的实现与业务的增长，实现人与组织的同步发展；通过有效的心理资本管理体系，提升人才的工作场景体验与幸福指数，进而提升人才对组织的认同感与忠诚感。

（2）人力资源管理并不仅仅是人力资源管理部门的事情，而是全体管理者和全体员工的责任。人力资源第一责任人是企业的CEO，是各级经营管理者，企业一把手才是企业的首席人才官。企业的每位管理者都要承担两大绩效责任：一是率领团队完成目标任务绩效，二是维系团队实现人才发展绩效。企业的首席人才官要跳出专业职能层面，像企业家一样去思考人的问题，要对未来趋势有洞见力，对客户需求有洞察力，对人才需求有洞悉力。

（3）人力资本的投资优于财务资本的投资，人力资本要优先投、舍得投、连续投。人才投入是价值回报最大的要素投入，最贵的人才，只要有效使用，就是最便宜的人才；最便宜的人才，如果得不到有效使用，就是最贵的人才。有多大人才投入，才会有多大产出。试图用三流的待遇去获取一流人才，还希望其作出一流贡献，无异于白日做梦。唯有一流待遇，才能吸纳一流人才，让其作出一流贡献。

（4）战略确定后，干部就是决定因素。企业家的自我超越与干部队伍建设是战略性人力资源管理的核心。企业家的领导力是企业成长的"天花板"，如果企业家不能自我批判、自我超越，企业就难以走出过去的成功陷阱，企业的成长就会受制于企业家自己而"封顶"了。干部队伍是组织的骨骼系统，如果骨骼系统不健全、不给力或者"长毒瘤"，那么企业家空有好的战略，最终也落不了地。干部队伍建设有三要素——使命、责任、能力，即赋予干部持续的使命激情，构建干部勇于担当责任的机制，打造有效的领导力发展系统。干部队伍这个看似最坚强的"骨骼"，往往也会成为企业最容易被攻破的"软肋"。所以干部队伍要时刻预防和铲除四种毒瘤：干部的官僚主义与形式主义；干部的山头主义与帮派主义；干部的腐败与堕落；干部的惰怠与不思进取！

（5）人才要以用为本、以价值创造者为本，而不是简单以人为本、以人性为本。人才不是古董，古董放着不用，不摔打，越"老"越值钱，而人才不用就会贬值，不摔打就不能增值。人才不是摆设，不是用来"供养"和拿来"显摆"的，而是要用来创造价值。不为企业创造价值的人才，就不是企业的人才。只追求拥有人才，而不提供人才有效使用的机会和舞台，是对人才最大的不尊重，也是对人才的最大浪费。合适即人才，有用即价值,有为才有位。不求人才绝对高端,但求人才最合适,最能有效地进行价值创造。因此,人力资源管理的核心是:让每个人成为价值创造者并有价值地工作。

(6)人性的善与恶是一体两面,对人的认知与管理要用量子力学中的"态叠加"及灰度管理思维。人的优点与缺点并存,是"态叠加"的混沌体。对人性的假设,过去是二元对立思维:非白即黑,非恶即善。但是,善与恶本是一体,同在个体之中,相互叠加,动态转换。人是善是恶,取决于内心的价值追求与外在的认知影响。从这样的人性假设出发,我们才能理解,为什么伟人也会犯错误,为什么小人物也能有大创举。因此对人的认知与管理,要有"灰度"思维。黑白叠加呈"灰色",人无完人,优势与缺陷并存;优点突出的人,缺点也突出,再伟大的人有时也会管不住内心恶的冲动,也会糊涂犯错误,内心的修炼是一个长期而持续的过程。因此从用人的角度来说,要包容有个性、有缺点的优秀人才。同时,对人的管理既是一门科学,又是一门艺术;既要科学、理性地抑"恶",又要艺术、感性地扬"善"。要激活高智商的人才,用人就要有"灰度"思维,老板有时要装傻,对人才的小毛病、小缺点,视而不见,因为"水至清则无鱼,人至察则无徒"。

(7)用人的第一原则是优势发挥与长短互补。经营管理要善于发现短板、及时补短板,而人的管理、团队合作则要善于发现人的"优势",保留短板,而不是急于补短板。有高山,必有深谷,只有发挥优势,才能激发组织中每个人才的内在潜能,让每个人成为价值创造者,让每个人都有成就感,让每个人的才智在组织中超水平地发挥,才能各尽其才、人尽其用。没有完美的个人,只有互补性的完美团队。面对短板不能自补,而要互补;

要扬长避短，而不要取长补短。保留缺陷，发掘自身优势，并学会欣赏别人的优势，与志同道合的人形成优势（个性、能力）互补的团队，才能发挥团队聚变的力量。

(8) 文化管理是人力资源管理的最高境界，文化的力量不是来自墙头口号，而是发自人的内心，扎根于人的行为。文化能减少内部的交易成本与管控成本，实现人才自我驱动、自我管理，使人的管理变得简单有效。人是企业的最大资产，也是最大风险，因人的道德风险最难控制。道德风险控制除了流程、制度、信息对称，更需靠文化的自我约束与自我控制力，文化使人对规律有敬畏感，做事有底线，做人有良知、有羞耻感。人的发展的最大敌人是自己，自己最大的敌人是习惯性的思维方式与行为方式，组织最难、最深层次的变革是文化习性的变革。人的最高层次的需求不是自我实现，而是自我超越，追求心灵成长。

(9) 物质需求与精神需求没有高低之分，只有偏好与侧重之别，物质激励与精神激励要并举。对人的需求的假设，过去是金字塔式的等级结构思维。基于马斯洛的需求结构模型，人的生理与物质需求是低层次的，人的精神需求是高层次的，自我实现的需求是最高层次的。但我认为，人的需求其实没有层序和高低之分，物质需求与精神需求始终是并行、混序、平等的。如果按照等级秩序的需求层次理论（马斯洛理论），那应该是物质财富越多的人，品德一定越高尚，精神世界的追求层次一定更高，但现实并非如此。富人未必精神需求层次更高，穷人未必没有高层次的精神需求。而且，人如果一味追求自我实现，会导致精致的个人利己主义，而现在更应倡导的是"利他取势"思维和追求心灵的自我超越与成长。

(10) 自然法则永远大于人为法则，对人的管理要符合人性及人的成长规律，但也不能迁就人性、纵容人性。人才管理要刚柔并济，该刚则刚，该柔则柔。人力资源管理的根本目的不是管控，而是激活和价值创造，要让每一个人都成为价值创造者并有价值地工作。对知识型人才要以柔为主、以刚为辅，对知识型人才的授权、激活和赋能，远比管控重要。

（11）人才竞争本质上是机制与制度的竞争，是人力资源管理体系的竞争。人力资源管理体系包括四大支柱、四大机制、十大职能，其核心是绩效与薪酬。要以问题为导向，并基于战略，渐进式、系统性推进人力资源管理体系的构建。人才管理机制创新的四大抓手是责、权、利、能机制，即：战略绩效责任承担与落地机制；有效的授权、赋能机制；利益分配与激励机制；用人标准与能力发展机制。

（12）人力资源管理的核心是人力资源价值链管理，即形成全力创造价值、科学评价价值、合理分配价值的价值管理循环体系。人力资源管理的根本目的是要激活人的价值创造潜能，打造组织的客户价值创造及市场价值竞争能力，实现组织战略目标及人的价值成长。人力资源管理进入人力资本价值管理时代，价值管理是人力资源管理的核心，它包括三大要素：价值创造、价值评价、价值分配。企业人力资源管理要形成全力创造价值、科学评价价值、合理分配价值的良性循环的价值管理机制，使好人不吃亏、坏人不得志、贡献者定当得到合理回报。

（13）互联网与数字化时代，人才使用权比人才所有权重要，有关人的数据化资产比物质财富资产更重要。要从人才所有权思维转为人才使用权思维。不求人才为我所有，但求人才为我所用。要打造开放、跨界、融合的数字化人才管理平台，整合全球人才，使全球人才为我所用。要构建内外跨界融合的人才数字化管理平台（包括粉丝人力资本），实现人的业务活

序一　从华为实践到我的人力资源管理观

动的数字化与管理，实现客户任务需求与人才需求的数字化精准对接与配置。

（14）树挪死、人挪活，人才内外适度流动和动态配置产生新价值。对人才不能放任，使之懈怠，激活就是价值；要以奋斗者为本，适度竞争淘汰，让没有能力和贡献的人有情退出，乃至被无情淘汰。活力与压力是高绩效组织战斗力的来源。

（15）学习是人才成长与发展的永恒主题。在工作中学习有三种心态：谦虚地学、批判地学、创新地学。要与正能量的人为伍，与高手过招，要学会尊重对手，永怀"空杯"心态。

（16）人力资源管理是科学与艺术的融合，它要基于数据与事实，需要专业工具与方法，更需要洞悉人性，有阅人的充足智慧与丰富经验。人力资源管理者要成为价值创造者，要致力于为组织贡献三大核心价值：战略支撑价值、业务增长价值、员工发展价值。

（17）以人为本，就是要尊重人性，让人有尊严、有成就感地工作和生活。对优秀人才而言，信任与承诺对人才是最大的压力和最有效的控制；让人才有成就感，激发人才的成就欲望，是最强劲的、不竭的内在动力。

（18）沟通是人力资源管理的生命线，没有沟通就没有管理，没有沟通就难以走进人才的心里。企业内部的人际矛盾中，70%的来自误解，而误解的产生源于沟通不畅、不及时。

（19）人才是客户，客户是人才，粉丝也是人力资本。要洞悉人性与人才需求，构建客户化、流程化的人力资源产品服务平台，让人力资源产品与服务具有产品属性、客户属性。

（20）人力资源管理要致力于打通战略、组织、人，构建三个共同体。

经营者思维——赢在战略人力资源管理

人力资源管理要打通战略、组织、人的内在逻辑关系，突破人力资源专业职能局限，站在经营的角度，实现战略、组织、人的一体化运作。未来企业经营管理的大趋势就是：战略生态化、组织平台化、人才合伙化、领导赋能化、运营数字化、要素社会化。人力资源管理要构建利益共同体、事业共同体、命运共同体：利益共同体是基础，事业共同体是根本，命运共同体是目标。光讲使命与事业，不谈利益分配，是愚弄人才、欺骗人才，骗不长；只谈利益，不讲文化，没有使命、激情，人才充其量是雇佣军，企业走不远。事业合伙制将成为正确处理货币资本与人力资本矛盾关系的核心制度安排。华夏基石提出事业合伙制价值主张32字方针：志同道合，利他取势；共担共创，增量分享；相互赋能，自动协同；价值核算，动态进退。

序二

从华为到人瑞，我的人力资源管理价值探索之路

张建国

蓦然回首，我走上人力资源事业探索之路已经二十多年了！

这条路的起点在华为。这一路上，华为的文化和持续奋斗的精神始终激励着我。

我1990年加入华为，当时华为只有二十多个人。在1990年到2000年的10年时间里，华为的员工从几十个人发展到两万多人，其中人力资源部就有两百多人。这其中的管理探索和变革，以及塑造的华为文化和管理理念，对华为的持续成功是非常关键的。

华为是中国进入市场经济后最早开始人力资源体系化建设的民营企业。华为近三十年前建立的人力资源管理体系，对华为的持续成功起到的作用无疑是巨大的、不可替代的！

在三十多年的企业经营过程中，华为的产品在不断变化，华为的人员在不断流动，但唯一不变的是华为的企业文化和员工持续奋斗的精神。华

为奋斗精神的核心驱动力，是其对人才的有效经营。经营人才比经营产品更难。"华为基本法"集中体现了华为的人才经营理念与管理理念。要想学习华为的成功之道，应该从华为最原始的管理理念中去寻找与感悟，而不是对它现在的管理制度予以仿效与照搬。学习的根本价值在于寻找事物发展的客观规律以及成功的核心要素。

在华为的人力资源体系建设中，我个人得到了很好的实践机会。当时除了跟彭剑锋老师他们合作以外，华为也与一些跨国知名咨询公司，如Hay Group、IBM等合作。在与这些来自国内外的顶层咨询顾问的合作中，我积累了很多人力资源管理方面的实际操作经验。

后来我和彭剑锋老师一起成立了华夏基石管理咨询公司，我们为几十家公司提供了人力资源服务。从在企业里做主管人力资源的副总裁，到为企业提供人力资源管理咨询服务，最大的好处是可以从人力资源管理的职能思维中跳出来，从外部视角，从经营者的思维，结合人力资源管理专业知识，去解决企业的人力资源管理的问题。

2004年到2008年间，我应徐新邀请担任中华英才网总裁，开始了在中华英才网的二次创业历程。基于企业"一把手"的视角，我对人力资源管理的工作有了不一样的体会。在中华英才网期间，我运用了很多华为的管理思想，并且引进了一批有华为工作经历的中高层管理者，着手再造与推行新的管理体系，使中华英才网在4年时间里业绩增长了13倍。

从企业内部的人力资源管理者，到跳出企业给企业做人力资源管理咨询和人力资源管理服务，再到后来担任企业一把手来经营与管理人才，这些经历使我对企业的人力资源管理有了全方位的系统研究与实践。

2010年我创立了人瑞集团，也开启了我事业生涯中最艰辛的一段旅程。

序二　从华为到人瑞，我的人力资源管理价值探索之路

人瑞集团要超越别人，就必须开创一条别人从未走过的路，就必须创新服务模式。然而，创新的道路如此艰难，伴随而来的是一次又一次的失败。作为企业，人瑞集团要生存下去，必须要赚钱，但人瑞集团想赚的是有意义、有价值的钱，那就是客户因我们提供的服务实现了增长与企业成长。经过痛苦与艰难的探索，人瑞集团终于找到了自己的定位，那就是遵循商业的本质，为客户提供"以效果为导向的人力资源服务新模式"。

所有这些实践，让我逐渐形成了关于人力资源管理与服务的思想体系。

经过四十余年的市场化经营和现代化企业管理探索，中国企业正从以往的依靠低成本优势、以资源驱动和机会导向型的"野蛮生长"，转向依靠管理和组织能力优势、以人才和产品创新驱动、谋求品质发展的阶段。各种新技术的商业应用使企业的竞争方式和经营模式发生了巨大的变化，倒逼企业重新认识企业经营与人力资源管理的关系，重新认识人，重新认识人力资源。现在，我们不能把人力资源管理定位为职能部门的工作，而是应该把人作为生产要素中最为活跃的要素，通过经营人才来促进企业的创新和管理变革，从而为企业带来经营效益。人力资源管理必须转变为人力资本经营，必须以经营者的思维来思考人力资源管理问题。互联网技术，尤其是移动互联网技术，大大促进了共享经济的发展，企业管理者再也不能关起门来思考企业内部的人才管理问题，而必须从社会的范围来思考人才配置问题，必须通过灵活的人才机制来适应快速变化的外部商业环境。企业之间的竞争已经不只是两个个体之间的竞争，而是还包含不同商业生态链之间的竞争。

对这种强烈的时代变化，我与彭剑锋老师都有强烈的感受，并且我们两个分别在理论与实践方向进行了深入的探索。

经营者思维——赢在战略人力资源管理

作为中国人力资源管理发展的参与者、见证者、推动者，我和彭剑锋老师商量是否可以把我们这些年来的思考、研究及实践经验进行总结与提炼，在人力资源管理理论与方法上进行新的探索与突破。

围绕着人力资源管理与企业成长发展、人才经营与企业经营，彭剑锋老师从人力资源理论体系与战略高度出发，我则从对企业中各种工作实践的思考出发，回顾以华为为代表的中国企业的人力资源管理发展历程，分析当前所处的环境与面临的问题挑战，并且从顶层设计、战略和实践等几方面提出新时期人力资源管理问题的系统性解决方案。

时代在变，技术在变，客户在变，企业只有适应变化、超越变化、掌控变化，才能在不确定的商业环境中立于不败之地。人力资源管理已经转变为人力资本经营。在以往的30年里，华为因为掌握了人才经营的金钥匙才取得了今天的辉煌。今天，我们必须思考：未来的30年里，我们的企业将会在哪里？

本书紧扣人力资源价值主题，更多地从企业经营的思维角度对人力资源管理进行了全方位的思考和探讨。基于中国企业的社会文化特质，以及大数据、人工智能等技术平台，本书从人力资本价值最大化出发，提出了人才柔性管理、人力资源管理"六化"等新思维、新方法，为中国企业的转型与发展提供了很多有实际价值的人力资源管理方法。

我相信这本书的出版一定能帮助企业经营者和人力资源管理者，共同开创中国人力资源管理的新时代！

目　录

第一篇　华为蜕变：人力资源管理的本土探索历程

第1章　华为管理初探：企业的动力机制来自哪里 / 3

1.1　"一套白皮书"开启本土管理摸索之路 / 3

1.2　经营衍生的管理命题："冲上山头后怎么分成果" / 7

1.3　在"秘书处"试点建立职业资格标准体系 / 9

华为故事　张建国：华为人力资源管理二三事 / 12

头脑风暴　华为的任职资格管理实践 / 18

第2章　华为最强大的是组织能力 / 21

2.1　"华为基本法"：从资本论到知本论 / 22

2.2　华为的人力资源三级委员会 / 25

2.3　对标先进，吸收宇宙能量 / 29

2.4　华为的强大不仅因为有任正非，还因为有强大的组织能力 / 31

华为故事　彭剑锋："华为基本法"出台前后 / 33

第3章　"华为2.0版"开启中国人力资源管理新阶段 / 43

3.1　中国企业人力资源管理发展简史 / 43

头脑风暴　战略人力资源管理的产生背景 / 47

3.2　领先者思维：华为的人力资源管理新思考 / 48

3.3　华为纲要2.0的启示 / 53

第二篇　挑战与变革：时代巨变下的人力资源管理实践

第4章　品质发展、数字时代提出人力资源新命题 / 61

4.1　品质发展时代要求企业家自身实现转型突破 / 61

4.2　数字化、智能化时代组织的"五去" / 65

4.3　组织新形态呼唤人力资源管理实现"六化" / 67

4.4　数字化战略落地的人才挑战 / 69

头脑风暴　"HR三支柱"在中国企业的模式及设计理念 / 70

头脑风暴　数字化人力资源管理新思维 / 79

第5章　转型升级难题与员工代际挑战并行 / 82

5.1　传统企业转型升级中的组织和人力资源挑战 / 82

5.2　代际挑战与人才新定义：人物、牛人、能人 / 85

管理实践　苏宁互联网转型中脱胎换骨的组织变革 / 89

管理实践　支撑小米商业成功的组织与人才机制 / 92

第6章　民营企业管理的痛点及最优实践 / 98

6.1　阻碍民营企业管理升级的十大痛点及应对方法 / 98

6.2　人的问题根源：企业文化的三个命题 / 111

6.3　家族企业治理难题及人力资源管理挑战 / 113

管理实践　某家族企业转型升级中的人才引进与融合实践 / 118

头脑风暴　中国企业人力资源管理40年最优实践十大案例 / 121

第三篇　认知革命：人力资源管理的思维重构与机制创新

第7章　重新定义领导、组织与人 / 133

7.1　十大要点：重新定义组织中的人 / 133

7.2　构建数字时代的新领导团队，产生新领导力 / 138

7.3　转变绩效指挥棒，构建人才生态 / 143

头脑风暴　关于薪酬的不同视角 / 147

7.4　全面提高人力资源管理效能 / 148

第 8 章　事业合伙机制与未来新型组织 / 152

8.1　企业战略性新动力机制：事业合伙制 / 152

8.2　以事业合伙制重构组织与人的关系 / 156

8.3　未来组织的"48字方针" / 158

头脑风暴　华夏基石事业合伙制价值主张 / 160

第四篇　经营者思维：顶层设计、系统化构建基于战略的高效管理体系

第 9 章　以经营者思维构建人力资源管理系统化解决方案 / 173

9.1　战略人力资源管理需要系统思考和顶层设计 / 173

9.2　全面认可激励与全面价值核算 / 177

9.3　活力与压力并存，持续激活组织 / 178

9.4　重新定义干部，塑造新时代的干部队伍 / 179

9.5　提高组织和人才对战略的适应性 / 181

头脑风暴　人才经营核心三要素 / 182

头脑风暴　萨提亚·纳德拉（Satya Nadella）：重塑领导力的关键要素 / 184

第 10 章　顶层设计落地要点：先僵化再优化 / 186

10.1　辨识顶层设计落地的难点、要点 / 186

10.2　干部是决定因素，如何找到气味相投的干部 / 190

10.3　薪酬体系设计两个关键词：动态和成果 / 192

10.4　以开放思维灵活配置人才 / 193

10.5　技术支撑和数字化驱动 / 194

第 11 章　打造基于价值观的战略人力资源管理体系 / 196

11.1　把全体管理者变成人力资源管理者 / 196

11.2　以工作任务为中心灵活配置人才 / 199

11.3　职能上移、责任下沉 / 202

11.4　洞见未来，文化领先，成长为本 / 203

头脑风暴　灵活用工与"弹性企业" / 206

第五篇　人才生态化：灵活配置，利他取势，构建开放、共享的人才服务平台

第12章　灵活用工：利他取势的生态价值平台 / 211

12.1　人才管理之"活"的现实价值 / 211

12.2　灵活用工将成人才市场化的主流模式之一 / 212

12.3　灵活用工模式推动组织变革的三种思维 / 216

12.4　生态化、科技型的人力资源外包服务平台 / 219

第13章　共享、破界、开放：灵活用工的思维模式 / 221

13.1　共享——灵活用工的价值内涵 / 221

13.2　破界——灵活用工的现实路径 / 223

13.3　开放——灵活用工的发展基础 / 223

13.4　"专业化＋平台化"：灵活用工的价值体现 / 225

管理实践　某互联网公司人才外包实践 / 228

头脑风暴　灵活用工的全球发展历程与趋势 / 232

后　记 / 236

第一篇 华为蜕变：人力资源管理的本土探索历程

第1章

华为管理初探：企业的动力机制来自哪里

> 华为的薪酬体系是1997年设计的，到现在已经使用了二十多年。这二十多年间，华为的员工从两千多人增加到约二十万人。这个体系对于后来华为的稳定发展、持续发展起到了关键作用。
>
> ——张建国

1.1 "一套白皮书"开启本土管理摸索之路

时至今日，中国人力资源管理可以说是旧时代的结束、新时代的开始。对人力资源管理工作来说，这是最好的时代，也是最坏的时代。

为什么是旧时代的结束、新时代的开始？这可以从新中国企业人力资源管理的发展历程中找到答案。

简而言之，早期的人力资源管理完全是从西方照搬的。因为在计划经济时代，中国企业没有关于人的管理概念，对从业者的要求是"根正苗红嘴巴紧"，虽在企业里有人事处，但它的工作职责是办理劳动手续、整理档案关系、核算工资之类。

20世纪80年代中国开始市场化改革以后，一些企业才知道人力资源管理的概念。当时彭剑锋主编的一套"白皮书"（《现代管理制度·程序·方法范例全集》，中国人民大学出版社，1993年）是这个领域唯一的参考书。这套书是彭剑锋组织多位教授编辑的介绍当时美国等发达国家的人力资源管理方法的实用工具书。

这套"白皮书"让企业一线的人员知道了人力资源部门是企业比较标准和正式的配置，及应该如何进行设置。

从20世纪90年代中期开始，企业中就像设立财务部门一样，开始设立人力资源部，该部门当时比较完整的功能是六大模块：人力资源规划、招聘与配置、培训与开发、绩效管理、薪酬福利管理、劳动关系管理。很多从业者按照模块去做，比如负责绩效管理的人"依样画葫芦"，设计绩效考核指标，但其可能并不了解企业的经营情况，不知道怎样把绩效考核融入企业的业务目标达成，于是，两者就变成了"两张皮"。薪酬制度也有这一发展过程：开始时有很多随机性的成分，到20世纪90年代的中后期才有了职位评估的工具和手册，逐步建立起了薪酬等级制度。这是中国人力资源管理工作职能化、专业化、规范化历程的开端。

但当时存在一个什么问题呢？人力资源管理部门按照教科书中的模块设置去做事，至于对经营有什么帮助、对效率提升有什么作用，其实是没有认知的，结果出现了老板和HR之间相互抱怨。

大约在1990年到2000年，中国企业在市场经济中经历了一个初级发展阶段，企业经营起起伏伏，很多企业迅速成长起来，又很快从市场上消失。

第1章 华为管理初探：企业的动力机制来自哪里

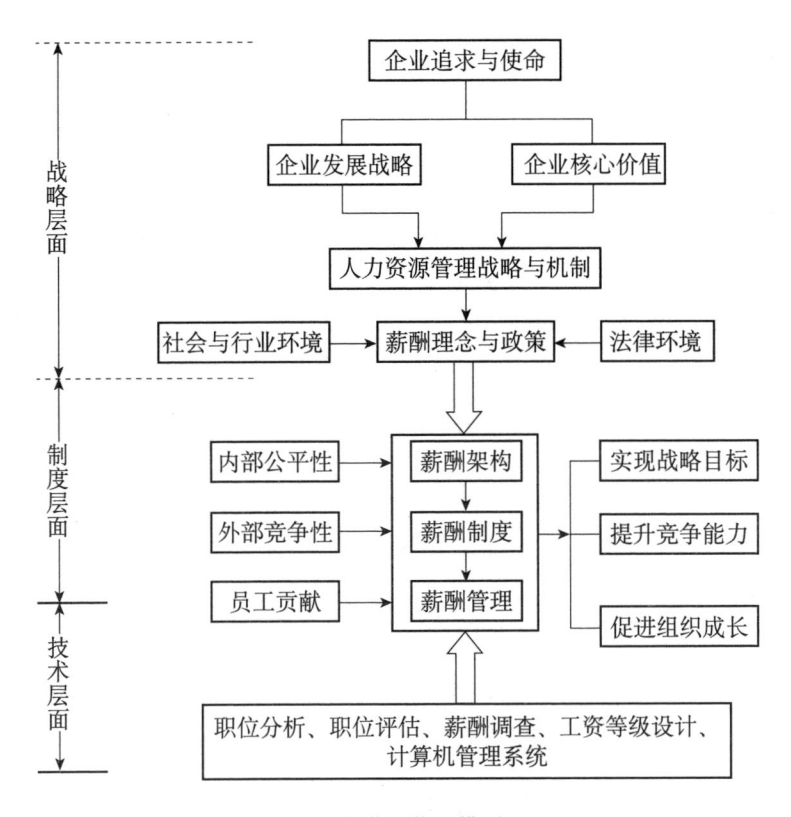

结构化薪酬体系模型

来源：张建国编著：《薪酬体系设计：结构化设计方法》，北京，北京工业大学出版社，2003。

从表面上看起来这是受产品问题及市场变化的影响，但是现在反思，其实在根本上还是人的问题：企业稍有成绩后，因管理不到位，内部团队解体，然后业务开展失败。

中国企业在起起伏伏的发展历程中，一方面渐渐认识到了人的重要性，另一方面也慢慢成长起来了，比如华为、海尔、联想等企业都在实践中摸索出了一套自己独特的管理理念和企业文化。

通过对比不难发现，中国企业效率更高。比如，一家西方国家的企业要安排一个内部会议，需要一两个星期的协调时间，而在中国企业，今天安排会议，明天就能开会。再如，外国企业在薪酬体系方面一般实行"十三薪""十四薪"，即一年发13个月或14个月的薪酬，年末多发一两个月工资。这样做，激励性不够，动力就不足。而在中国的企业中，年终的奖金可能比一年的工资总额还高。这样做，激励性就很高，让人有干劲。通过很多这样的细节不难发现，很多中国企业相比同领域的外国企业更有活力，其员工也更加投入。

由此引发我们的思考：人力资源管理的本质是什么？它怎样与业务结合起来促进企业发展？以前，企业更多的是把人等同于和设备、土地一样的劳动生产资料，把工资看作是成本投入。后来，企业把人看成是可开发的"特殊资源"。现在如彭剑锋这样的管理学家提出了"人力资本""价值创造者"。当把人看成企业的人力资本和价值创造者时，企业管理者需要思索如何挖掘人的价值，如何提高人的投入、产出比；需要思考企业的人力资源部门究竟应该承担什么样的角色，怎样从企业的经营角度、战略角度来看待人力资源，后者即战略人力资源的新命题。

为什么提出人力资源管理要成为企业的经营和战略命题？

以前中国企业是靠机会导向，靠成本领先的战略，甚至靠政府的政策支持成长起来的。但是，现在，这些"优势"都没了：机会导向型的机会越来越少了，随着人工成本提高，成本优势也没了。这个时候，企业要继续获得利润，就需要创新驱动，提高生产效率。这也是现在很多传统企业的转型升级之痛——要告别过去的成功优势，真正靠创新驱动和人力资本驱动发展！

目前，中国经济增长速度放缓，处于结构化的转型升级时期。这是经济新常态，而且会是一个长期过程。企业必须清醒地面对这个全新的时代，提高经营效率，把人作为生产要素中最活跃的要素来经营。当然，这并不意味着要通过无限提高人工成本来获取效率，而是要进行一系列的人力资源管理政策和机制变革，比如采取多种用工模式，使雇用员工的方式多样化；再如提供多样化、中长期结合的薪酬福利方式；又如创新人力资源产品，把员工视为客户；等等。

人力资源管理历程中的新阶段开始了，而中国企业并不能在教科书中找答案，也找不到，只有继续在实践中不断地探索，不断地创造，不断地打造企业的核心竞争力。有新挑战，同时也必然有着新机遇，所以说，这既是最好的时代，也是最坏的时代。

1.2 经营衍生的管理命题："冲上山头后怎么分成果"

华为的人力资源管理体系建设和该企业成长的历程基本一致。作为一个民营企业，华为也是从零开始，从小公司开始。任正非凭着个人智慧，注册成立公司，靠代理别人的产品获得了第一桶金。有了钱以后，他并没有随大流去搞房地产、炒股票，而是投入研发。

华为真正的人力资源管理是从1994年开始的，当时在销售部成立了考评办公室，解决如何分配销售人员奖金的问题。"弟兄们冲山头，流血流汗，冲上山以后怎么分成果呢？"这是华为的人力资源管理的萌芽。

最初华为的想法较为简单：根据员工的销售业绩，奖金自然就可以算出来。但是后来事实证明这并不是一件简单的事。比如，当时安排素质最好的销售人员到一些战略市场城市，在很难进入目标市场的情况下，销售人员可能没有业绩。而对于一些相对偏远的城市，恰逢大力发展农村通讯产品的时机，派销售人员过去后，他们的业绩都很好。这样，依照业绩算出来的奖金金额悬殊。比如派到乌鲁木齐的销售人员能拿到十几万元奖金，而派到上海的销售人员连5 000元奖金都拿不到。如果按照这种激励导向，战略市场就没人愿意做，但如果进不了战略市场，华为就无法达到市场的制高点，就永远是三流企业。

华为的管理层觉得这样的考核方法与华为的价值观不一致，却不知道如何考核才是正确的。除此之外，还有其他类似的一些问题，所以华为管理层请彭剑锋、包政、吴春波三位教授来给华为制定销售人员的绩效考核制度。这是在写《华为基本法》之前的事情。

在考核制度中，不可避免会涉及考核等级问题，也就是将对员工的评价结果分为几个等级。当时从国内外知名企业的绩效管理实践来看，考核等级一般分为：三个、四个、五个。

华为最早的考核制度是由彭剑锋、包政和吴春波三位教授设计的，他们当时使用的是五等级法：S、A、B、C、D。每个等级都有比例的要求，比如S级的比例是15%，而且一个月考核一次。

开始的时候，华为很认可这种考核制度，但是实施半年以后，该考核制度难以继续。原因在于：每个月都得强制分布等级情况，而且D级必须得有，这样，员工就感觉到压力很大。考核是一把双刃剑，考核太严苛会损害员工的积极性。本来有的员工的评价结果没有那么差，但是越考核越差，而且华为管理层发现，考核后员工的业绩没太大的变化。

后来华为的考核制度逐步演变，逐步改良，在工作中改进：从月度考评改成季度考评，从五个等级变成四个等级。

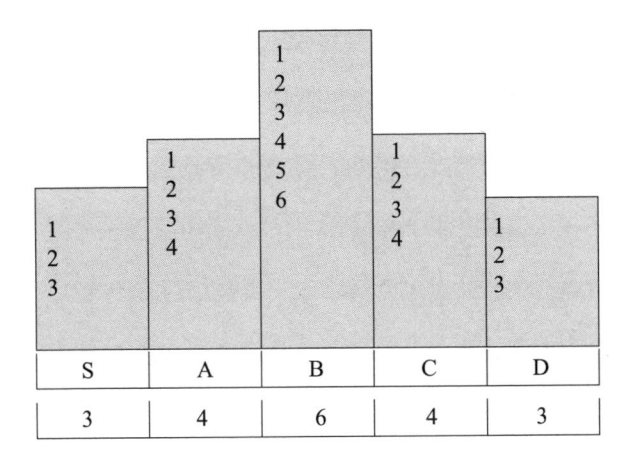

第1章 华为管理初探：企业的动力机制来自哪里

绩效考核等级强制分布图

来源：徐伟、张建国编著：《绩效体系设计：战略导向设计方法》，北京，北京工业大学出版社，2003。

1.3 在"秘书处"试点建立职业资格标准体系

1995年，我国劳动和社会保障部有一个从英国引进的职业资格项目，希望在中国找两个企业做试点。华为和北京外企人力资源服务公司被彭剑锋老师推荐为先期试点。[①] 华为对此很积极，派人去英国学习培训。

英国国家职业资格标准体系，包含销售、技术开发、行政管理等职业类别。一个学生从学校毕业、走向社会以后就会进入职业资格识别认证体系，企业中有记录，有专门的督导和评估体系。当时华为外派到英国培训的人员在学习后认为这一体系对华为着实有用，因为当时有大批的应届毕业生进入华为，他们普遍缺乏职业化意识。其实当时整个中国也是这种情况，员工职业化意识比较淡薄。由于企业对研发类、销售类、生产经营类

[①] 1985年，英国政府委托主要的工业机构开展职业教育研究，界定国家统一的职业资格内涵。1995年，我国劳动和社会保障部将英国国家职业资格委员会文秘标准体系和资格证书作为首批引进项目。

的工作要求不同，所以培训时要与具体的工作要求结合起来。当时华为管理层觉得可以尝试做职业资格标准。

首先是从华为的秘书处开始的。到1996年时华为已经具有一定规模，员工有两千多人，拥有三四十个秘书。华为管理层发现秘书中学历越高者，反而工作干得越差，比如有大专学历者干得最好，有研究生学历者干得最差。有研究生学历者进华为以后常常想着换工作，他们会忙于发展与领导的关系，希望去研发部门、销售部门等。有大专学历者对这份工作很满意，所以就很投入、很认真地做事情。这种情况下，华为管理层需要评判秘书们到底应该做什么、究竟什么样的秘书才是一个好秘书。

华为管理层为秘书工作做了标准，比如，秘书打字的速度每分钟必须在80字以上，熟练使用Word、Txt、Excel等最基本的办公软件。除了这些以外，专门有一套标准体系，涵盖会议通知、组织会议、布置会场，会议纪要、文档归档。根据部门之间的共同机制，华为管理层制定了秘书工作的五大模块，使秘书工作标准化了。

有了标准以后，就可以评级，分为1~5级。一级秘书需要考试，比如打字速度没有达标者需要再次参加考试。从一级秘书升至二级秘书可以涨工资，升到五级秘书后有机会升职为部门经理。这样，不仅促进了秘书技能的提升，而且打开了秘书的职业通道。这是华为对工作技能规范的要求及任职资格的体现，也是华为员工职业化能力建设的开始。

在华为的那个时期，关于薪酬也没有标准，每个月每个部门都在申报给员工调薪，每个月人力资源部门把调薪表交给任正非，任正非感到很头疼：批了心里不踏实，不批又怕失去人才。后来任正非要求不交那么多资料，只提供一张表，把评价说清楚。

第1章　华为管理初探：企业的动力机制来自哪里

当时华为成立了一个工资改革领导小组，由三十多人组成，成员是各个部门的负责人和人力资源部的人。工资改革领导小组工作了三四个月时间，经常开会讨论工资怎么改，但每次开会都没结果，因为每个人都觉得自己部门很重要，比如研发部门认为，华为是高科技企业，研发最厉害，所以工资应该最高；销售部门认为，能把差的产品卖出去，肯定是销售人员厉害；财务部门也不示弱，认为新招的会计有博士学历，未来很有前途，现在工资给得少肯定留不住人。

中国内地那时候还没有咨询公司，后来华为管理层派人力资源部负责人去香港考察。在考察了10个公司后，该负责人觉得Hay Group有一套比较好的方法，可以将人和岗位分开评价。

Hay Group对每个岗位都有三张评估表：第一张表评价的内容是从事这个岗位应具备的基本的知识技能；第二张表评价的内容是这个岗位面对的问题难度；第三张表评价的内容是这个岗位应负的责任有多大。每一张评价表附有很详细的分数，每个岗位通过这三张表评估后有一个分数，比如200分，不同的分数区间对应着薪酬等级。这样，就把人与岗位分开了，根据岗位的客观情况来进行评价，而且建立起了工资等级。员工的工资应该是多少，与学历没有关系，只与岗位有关系。员工在这个岗位作出的绩效好，他就可以申请调薪。

此外，为了能够招聘到最优秀的人才，华为还聘请Hay Group帮助华为建立了主要岗位的人才素质模型。当时Hay Group提出了18个素质词典，是一套方法论，也是一套体系。当时华为做的素质模型是：每一种素质分为3~5级，研究个人的素质。把表现最好的和表现一般的分为两组，对这两组人的素质进行对照，并分析业绩优秀组的主要素质特征，建立相应的素质模型。

华为在1997年前后做了研发人员的素质模型、销售人员的素质模型。其实当时做完后该模型并不具有实用性，于是华为又请当时香港大学的张志学博士（现为北京大学光华管理学院的教授）来做进一步的实用性研究。华为的这一套素质模型从1998年开始到现在一直作为校园招聘和社会招聘的标准，对华为挑选更多有发展潜力的人才起到了巨大的作用。

经过三年多的努力，华为逐步建立起一套人力资源管理体系，包含绩效考核、薪酬等级、素质模型、招聘管理、企业文化培训等方面。当时在华为有大量的员工培养、考核、管理，这套标准体系非常重要，否则，怎么能管理好这么多高智商的人？在华为工作了两三年或以上的人，"气味"是一样的。

华为故事

张建国：华为人力资源管理二三事

我1990年加入华为，在华为的工号是"025号"，2000年时是以华为首任主管人力资源的副总裁的身份离开华为的。我去华为时，华为只有二十多名员工，到我离开时，华为已经有2万多名员工了。我亲身经历、参与了华为的大发展时期；作为"华为基本法"课题组的执行负责人，参与了"华为基本法"从起草到成稿的整个过程；见证了华为文化建设和人力资源管理体系化建设从顶层设计到落地的全过程。当然，我既是华为文化和人力资源管理的建设者、参与者，也是受益者，这段经历给我留下了深深的烙印。

我结合对中国人力资源管理的一些思考，大致回顾一下我在华为经历的以及记忆比较深刻的几件事。

第1章 华为管理初探：企业的动力机制来自哪里

保存至今的华为25号工卡　　　　华为的创业纪念章

1. 爱讲故事的任正非

我们那一代人是在计划经济时代成长起来的，很多人毕业时被分配到哪里就一生都在哪里工作，所谓每个人都端的是铁饭碗。改革开放以后，人们遇到了改变的机会，纷纷南下。为什么很多人去深圳呢？因为吃饭不需要粮票，而且不需要户口及档案。只要去，有工作，有钱就可以吃饭，所以深圳成了一片热土。

1990年4月，我从深圳火车站坐了3个小时的车到华为参加面试。当时华为是在深圳的南油A区16栋8楼，这栋楼与现在的"老破小"差不多大小，一共五十多平方米。那时候都是任正非亲自面试，但我去的那天他没在，我就在那里等着。4月的深圳很热，他回来以后说"你等一会儿，我先冲个凉"。冲完凉后任正非就开始面试我。我本科学习的是自动化专业，研究生（那时候研究生比较少）学习的是通讯专业，且曾获有奖项，毕业后成为大学老师。任老板在看完我的材料说："不错，你来上班吧！"

当时我没有奢望有多么好的待遇，想着到华为有饭吃就行了。第二天我就上班了，住在工厂里。前面是厂房，后面就是宿舍——一个大通间里划出了十几个没有窗户的"小格子",里面放了一张床和一张桌子。

其实,任正非在那个时候就种下了华为精神的种子。当时华为条件艰苦,大家吃喝在一起。当时华为的厂房是这样的:一进门有一个小食堂,中间是工作区,里面是库房及宿舍。并且厂房里没空调,员工干活时都光着膀子。因为深圳天气热,每天下班后,大家第一件事就是去冲凉,然后去吃晚饭。总是在大家吃完晚饭后,任正非穿着短袖短裤也踱过来,大家自然地搬把小凳子围坐在一块儿,听任正非讲故事。因为是部队军人出身,他喜欢讲战争故事,如上甘岭战役是怎么胜利的、朝鲜战争是怎么打的,等等。他讲得很激情投入,我们听得热血沸腾,听完之后,感觉一天的劳动疲乏被赶走了。

任正非特别善于激发、鼓励员工。他经常给员工讲一些励志故事,比如讲他崇拜的人是谁、对他个人成长影响最大的是谁……记得他当时说他最崇拜两个人:一位是能忍受"胯下之辱"的韩信,因为一个人必须忍受巨大的挫折与委屈,才有可能成功;另外一位是京剧《沙家浜》中开茶馆的阿庆嫂,因为她的客户意识最好,"摆开八仙桌,招待十六方",给客户服务得最好。他通过这些故事来启发员工提高服务意识。

2."英雄儿女上前线"

后来,华为号召"英雄儿女上前线",去开拓市场。我就要求去做销售,只身前往福建做华为驻福建办事处主任。福建办事处,其实设在村里。办事处人员一年不能回家,只有陪非常重要的客人的时候才能回总部。公司给办事处人员发了一张银行卡,每个月办事处人员到银行去取钱,作为销售费用和生活费用。

那时候华为的产品还进不了城市。由于竞争对手都是大公司,如西门子、北方电讯、摩托罗拉、阿尔卡特,华为只能到农村去,采取"农村包

第1章 华为管理初探：企业的动力机制来自哪里

围城市"的策略，做县级市场。我在福建时到各个县去跑市场，经常左手拿着装有备板和衣服的包，右手拿着幻灯机。那时候还没有投影仪、电脑，我拿着幻灯机、卡片、公司介绍、设备介绍，把客人请到宾馆，用幻灯机一张一张给客户放关于华为和产品的介绍的PPT。

我每次跑市场都要用上半个月时间，跑完市场后一个人再回到住的地方，我最大的感受就是孤独。怎么办？我拿起电话给其他办事处的人打电话，打半个小时以后心里面就平静了。每当总部有领导过来拜访客户时，我最高兴的事情是跑到他入住的宾馆里去说说话、洗个澡。很早的时候任正非就给我们讲理想，他说终有一天我们的收入会超过香港人。那时候我们的待遇是一个月300元人民币，香港人的一个月收入是1万港元，我们就想怎么可能超过呢！后来果真超过了。任正非说："你们以后一定会很有钱，就发愁怎么在阳台上晒钱了。"

张建国陪同任正非在日本松下公司进行考察

1993年华为推出了员工期权计划，期权就像眼前的苹果，这个苹果越来越大，但是老吃不着，刚想吃一口的时候，苹果就往前移了一下，但是苹果越来越大了。华为每年给员工分红，本来员工可以直接把钱拿走，但

15

是新配的期权还得拿钱买，而员工也愿意买，因为分红高，所以当时华为干得越好的人越没钱。随着越来越多的员工拥有期权，任正非个人的股份就不断地被稀释。刚开始股份都是任正非的，经过不断的稀释以后，任正非占公司的股份在2018年是1.4%。任正非有一个理念：他的比例越来越小，但是大家的饼越来越大。任正非敢于分钱，华为很早就在运作内部期权，这是一般人做不到的。

3. "知本论"不是虚的

"华为基本法"中有一种理论叫知本论，知本论不是虚的，而是真实的。每年大批的毕业生来到华为时只有几箱书和衣服，一年以后，华为把他们的知识变成了资本，配给他们期权。这就是知本论。华为就是运用知本论不断地吸收优秀人才。

一个企业的人才管理体系、激励机制究竟有多重要，可以从20世纪90年代涌现的中国通讯行业四大巨头（"巨、大、中、华"）的发展演变中去体会。"巨"是巨龙通信，当时是以学校为背景的研究机构。它第一个开发了大容量局用程控交换机，但是没有企业化的运作机制，所以它第一个倒下了。"大"是大唐电信，它是国有企业，由于缺乏良好的市场竞争机制，相比较而言，它的发展很缓慢。"中"是中兴通讯，它采市场化的运作机制，在上市后，配给高管期权，但没有配给员工期权，使企业缺乏前赴后继的全员创业精神，也使企业的核心竞争力在不断退化。现在就业绩而言，它已远远落后于华为。

从某种程度上来说，华为能走到今天，与它很早就建立了科学的激励机制及人才管理体系是密不可分的。

当时任正非在内部经常讲"循环理论"。他说，"华为能发展，首先是

第 1 章　华为管理初探：企业的动力机制来自哪里

这个行业给了我们机会，我们抓住这个机会以后，又引进了很多人才，我们把这些人才用好，把他们激励起来以后，又获得了产品的开发，生产出产品，最后获得更大的机会，是这么一个循环的过程"。

4. 市场部集体大辞职

在华为有一个里程碑式历史事件，那就是1996年1月市场部的集体辞职。

这个事件的发生背景是：在那个时候华为已经发展到一定的规模，而且产品也是从原来的小程控交换器发展到几千门的大型局用交换机。这个时候，销售就不能光是维护与客户的关系，而是要给客户提供很多解决方案、技术方面的支撑和服务，从而需要大量的产品方案人员、技术人员，和销售人员一起组成销售服务团队。

但是，当时很多办事处主任从意识到能力，已经不适应新的销售要求了。习惯了单打独斗的他们，很难通过组建团队、设计市场策划、服务方案等去开拓新的大客户、提升服务水平。于是，很多办事处主任成为华为事业发展的瓶颈。新人进不去，"老人"出不来，怎么办？

这时候，任正非非凡的组织能力和领导能力就体现出来了。1996年1月，任正非要求市场部所有的办事处主任给公司提交两个报告：一个报告是辞职报告，表明如果我的能力不能适应公司的发展需要了，我愿意把这个位置让出来，让更加优秀的人往前冲，继续前进。另外一个报告是表明如果公司继续让我担任这个职务的话，我要怎么样改进，以继续把这个事情做好。当时举行了市场部的集体辞职活动，主管市场部的副总裁也递交了辞职申请书。集体辞职活动举行以后，大概有1/3的办事处主任被撤换了，由有专业能力的人接替。

当时华为市场部集体辞职的行动，开创了"干部能上也能下"的先河，为华为建设系统化、规范化的管理制度开了一个好头，对于华为后续的发展起了一个非常重要的作用。

小结

中国经济高速发展，时代造就了华为，时代造就了一批优秀人才到华为去创业。当然，时代也造就了任正非这种企业家的创业精神：舍得给，承认人才的价值创造，给人才以回报。当年有那么多的优秀人才愿意加盟华为，第一是因为华为有理念，第二是因为华为两手硬：一手是钱，一手是愿景、目标、文化。仅有钱，企业走不远；仅有愿景，太虚，企业也走不动，人才不可能留下来。解决了待遇的问题，员工有了动力，这是硬的方面；解决了人的使命感的问题，让员工有激情，这是软的方面。

华为从20世纪90年代就建立了非常强的人才专业管理体系，这是华为强大的组织能力的根本所在。其他公司依靠若干能人，而不是依靠团体，更不是靠专业化和组织能力取胜。华为真正实现了从个人的成功到企业的成功，从企业家个人的智慧到团队的智慧，从个人的能力到组织的能力，从人力资源的人事行政到人力资源的专业化。华为的发展史代表了中国优秀企业的成长历史，某种程度上也代表了中国企业人力资源管理的发展历史。

头脑风暴

华为的任职资格管理实践[①]

基于任职资格的任职资格管理来源于英国国家职业资格制度。华为自1998年开始正式、全面引进国家职业资格制度，前后经过了三个阶段：

[①] 参见吴春波：《华为的任职资格管理体系与实践》，载《中国人力资源开发》，2010 (8)。

第1章　华为管理初探：企业的动力机制来自哪里

1995—1996年，在关注行为规范化的基础上，对部分岗位/职位试行任职资格管理；1996—2001年，开发建立任职资格标准，并对员工进行任职资格认证；2001年以后，开始将认证结果与人力资源其他模块相结合。在华为的任职资格管理体系中，包含以下几个关键要素和环节。

1. 划分任职资格等级

华为任职资格管理体系包括技术任职资格、营销任职资格、专业任职资格和管理任职资格（见下图）。它共分为六级，每级又分为四等，即职业等、普通等、基础等、预备等，并形成了详细的任职资格标准。

- 技术任职资格
- 营销任职资格
- 专业任职资格
- 管理任职资格

任职资格共分为六级
每级又分为四等
(1) 职业等
(2) 普通等
(3) 基础等
(4) 预备等
形成了详细的任职资格标准。

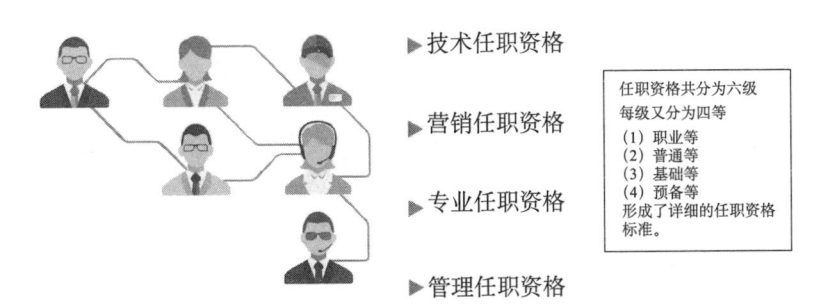

华为任职资格管理体系

2. 构建职业发展通道

任职资格与职位相结合，为员工提供了职业发展通道。通过任职资格管理的牵引，形成管理和专业/技术两条职业发展通道，从而建设一支强大的技术及业务专家队伍，引导优秀员工在擅长的领域追求卓越、精深，形成在核心业务能力上长期聚焦和持续积累的氛围，以避免由于职业发展通道的单一，出现"官导向"和千军万马同挤独木桥的现象。

3. 建立任职资格标准

任职资格标准是基于岗位责任和要求，对从事该岗位工作的长期综合绩效优秀的员工的被证明了的成功行为和能力要素进行归纳而成的评价指南。任职资格标准开发源于业务发展和职位责任，不同级别的标准应有明显的区分度，并能够引导员工持续改进任职能力。任职资格标准包括基本条件、核心标准和参考项三部分，其中核心标准是主体，它由必备知识、行为、技能和素质构成。每一个标准又包含诸多单元、要素和标准项。

4. 进行任职资格认证

任职资格认证是指为证明申请人是否达到相应的任职资格标准而进行的鉴定活动，包括计划、取证、判断、反馈、记录结论等。任职资格认证是认证员与申请人充分合作并帮助申请人达到任职资格标准的过程。

对工作性质（职位类别）相同的人员按照统一的标准进行程序公正的认证，以保证认证结果客观、真实地反映员工的任职能力。任职资格认证经过申请（个人或主管推荐）、基本条件审核、自评、主管或评议小组认证评议、公司批准、结果反馈几个环节。

5. 任职资格标准的应用

任职资格标准的应用包括：作为培训需求的重要来源，培训机构根据各类别任职资格标准的要求，进行课程体系设计；作为职位说明书中任职要求的补充和细化，在招聘中作为确定拟聘职位的参考标准；指导员工日常工作的改进。任职资格标准认证结果是评判员工对目前承担的岗位胜任程度的重要观察因素之一，是员工职位晋升或薪酬提升的重要依据。针对具体岗位的准备度提升将有助于员工获得更多的任用机会。任职资格是人员选拔、职位晋升、岗位调配和任命管理的必要条件。各级主管应根据认证复核过程中提出的改进点，指导员工制订改进计划、参加培训及相关锻炼；合理地分配工作任务，有针对性地对员工进行辅导。

第 2 章

华为最强大的是组织能力

是什么支撑华为持续地成长？"华为基本法"里给了我们一些答案。"华为基本法"第2条规定："认真负责和管理有效的员工是华为最大的财富。尊重知识、尊重个性、集体奋斗和不迁就有功的员工，是我们事业可持续成长的内在要求。"第9条规定："我们强调人力资本不断增值的目标优先于财务资本增值的目标"。第16条规定："我们认为，劳动、知识、企业家和资本创造了公司的全部价值。"

——张建国

任正非的伟大，在于打造了一个不完全依赖个人的组织。华为靠强大的组织能力将约二十万名知识分子凝聚在一起，使每个人都能从组织平台吸取能量，促使个体人力资源价值创造效能。那么华为的组织能力的来源是什么？我认为主要是来自两大基础支撑：一是以奋斗者为本的人力资源管理体系，二是客户化的流程管理体系。

——彭剑锋

2.1 "华为基本法":从资本论到知本论

对话

彭剑锋："华为基本法"诞生的背景是什么呢？在《走出混沌》一书中有详细的阐述，这里简单介绍一下。

当时，华为正处于高速成长过程中，营销网络的建设与人员管理问题变得十分突出。华为的营销体系是典型的自建体系，其优势是贴近终端、反应速度快，能够为客户提供有效服务。但是随着网络的扩张，营销网络与人员的管理变得日益复杂，如何对营销人员的业绩进行有效的评价并及时激励，成为当时亟待解决的问题。张建国当时主管营销系统的人力资源与干部考评。我带领专家小组从考核薪酬、营销队伍建设开始，第一个项目是销售人员的考评体系与销售队伍的管理模式。

从创业伊始，任正非就有很强的人才资源意识。华为是深圳企业中最早将人才作为战略性资源的企业，很早就提出了人才是第一资源、是企业最重要资本的理念。这在当时是很超前的意识。华为独特的人力资本优先意识与"知本论"，现在看来仍具有超前性。

华为从事的信息通讯业是新兴产业，创业伊始，人才市场尚没有该行业的成熟人才，而营销行业的"业余选手"在中国本土营销市场上沾染了很多恶习，许多习惯性行为的改造难度很大，且培养成本更高。而刚毕业的大学生如一张白纸，容易接受公司的价值观和创新性的营销理念与模式，人力资源开发效果更好。因此，华为侧重于直接从高校中大量招聘新人，并加大培训投入。

从1996年开始华为大量从国内各所名牌大学招聘优秀毕业生，用的

第2章 华为最强大的是组织能力

"撒手锏"之一是高起薪。当时，华为一年招聘几百名乃至上千名大学毕业生，甚至后来一次性招聘了5 000多人，被很多媒体称为"一次进万人"。到目前为止，国内没有第二家企业敢如此大规模地招聘人才。也只有当时的华为才有这样的胆识和气魄。

但是，大量人才的涌入也使华为面临人才管理问题——如何把人才的潜力转化成市场开发能力、技术研发能力，转化成现实的利润？由于市场部的人力资源管理出色，张建国从营销体系考评办公室主任调任华为人力资源总监，全面负责人力资源管理。由我作为组长，由中国人民大学的几位教授作为组员的专家顾问小组的咨询重点也就由最初的协助华为管理市场体系，转而协助华为进行人力资源管理。专家顾问小组引进先进的人力资源管理理念和系统，并于1997年前后提出了基于本土特点的人力资源管理系统，指明中国的人力资源管理核心是考核与薪酬问题。这是"华为基本法"中人力资源管理理论的起源。

后来，经过多次修改，最后在"华为基本法"中形成了"知本论"："劳动、知识、企业家和资本创造了公司的全部价值"。从资本论到知本论，其实就是强调资本和劳动之间是相互雇佣的关系。正是这种相互雇佣，体现出人力资本价值创造的作用。

华为的虚拟股权制（利润分享制）与获取分享制是实现知识价值的有效途径，华为的员工拥有公司绝大部分的收益权，实现了共同致富。在华为，2018年任正非占股1.4%，某种意义上他也是人力资本。所以我说知识资本一样具有剩余价值索取权。

张建国： 今天，很多人都在谈论"华为基本法"，但不一定能够真正理解它，理解它对华为的成功、对人力资源管理的意义。

到目前为止，中国改革开放四十年以来被大家广泛认可的、走向国际化的公司，就是华为公司。华为的变化很大。10年以前，华为做通讯、做数据，没有做手机，也没有想过做手机；20年前更加没有想过。但是今天，它却能成长为中国手机行业的领先企业，是中国最好、最高端的手机制造商。

是什么支撑华为持续地成长？《基本法》给了我们一些答案。《基本法》第2条规定："认真负责和管理有效的员工是华为最大的财富。尊重知识、尊重个性、集体奋斗和不迁就有功的员工，是我们事业可持续成长的内在要求。"第9条规定："我们强调人力资本不断增值的目标优先于财务资本增值的目标"。第16条规定："我们认为，劳动、知识、企业家和资本创造了公司的全部价值。"

这是1997年正式发布"华为基本法"的时候就提出来的，二十多年以前，华为就已经提出人力资本的概念，把人力资源视为企业的战略资源，并且坚持用制度建设保障理念落地。但是，到现在，很多企业不仅没有真正认可人力资源管理的价值，甚至还没有人力资本的概念。我想这可能就是一些企业与华为存在差距的根本原因。

二十多年以来，华为的产品在不断变化，但始终聚焦通信领域，没有去做房地产、没有去做P2P；人员也在不断流动，但企业持续在发展。其发展的根基是文化与机制。很多企业发展的原因是产品或机会，自身没有形成一套能保证企业持续发展的动力机制。

彭剑锋：中国企业对人力资源管理真正形成战略意识，真正把人力资源作为战略资源，是由华为这种领先企业在成长发展实践中一步步探索出来的。比如，当年制订"华为基本法"时，华为只有干部部和考评办公室，

第 2 章　华为最强大的是组织能力

但是"华为基本法"提出,要把人力资源投资作为战略资源投资,要优先发展。

1998 年《华为人报》刊登了"华为基本法"定稿

2.2　华为的人力资源三级委员会

对话

彭剑锋： 从华为整个人力资源专业体系的建设来看,伴随着在企业发展和成长过程中所面临的问题,华为在解决问题的过程中不断地引进新的理念,引进西方科学的工具和方法,然后应用于实践。

华为是理念先行者：先有干部部、考评办公室,再有人力资源部；先有人力资本的战略理念,才有了人力资源部的理念。"华为基本法"起草的时候,通过"华为基本法"的讨论、修改过程使华为高层达成了共识,完成了顶层设计。后来华为引进了大量西方的管理方法、工具，就是在以"华为基本法"为核心构建华为人力资源管理的理论大厦。换句话说，华为引进西方管理，不是盲目引进，而是有顶层设计的。

"华为基本法"中有关人力资源战略思维的表现主要有：一是提出认真负责和管理有效的员工是华为最大的财富；二是明确了人力资本增值的目标优先于财务资本增值的目标；三是创造性地提出了知识资本化（简称"知本论"）的思想，并通过普惠式员工持股计划实现与人才共创共享；四是提出了机会、人才、技术、产品四者之间的循环关系，即机会牵引人才，人才牵引技术，技术牵引产品，产品牵引更多、更大的机会；五是提出人力资源管理的基本目的，是建立一支宏大的高素质、高境界和高度团结的队伍，以及创造一种自我激励、自我约束和促进优秀人才脱颖而出的机制，以为公司的快速成长和高效运作提供保障。

"华为基本法"提出了上述思想，并对华为人力资源管理的战略定位、人力资源与产品技术创新的关系等进行了系统阐述。

> 二、基本目标
> （质量）
> 第八条 我们的目标是以优异的产品、可靠的质量、优越的终生效能费用比和有效的服务，满足顾客日益增长的需要。
> 质量是我们的自尊心。
> （人力资本）
> 第九条 我们强调人力资本不断增值的目标优先于财务资本增值的目标。
> （核心技术）
> 第十条 我们的目标是发展拥有自主知识产权的世界领先的电子和信息技术支撑体系。
> （利润）
> 第十一条 我们将按照我们的事业可持续成长的要求，设立每个时期的合理的利润率和利润目标，而不单纯追求利润的最大化。

"华为基本法"（节选）

1997年的"华为基本法"，完成了对人力资源管理的战略性系统思考，完成了成就世界级企业的顶层设计。

第 2 章　华为最强大的是组织能力

四、价值的分配

（价值创造）

第十六条　我们认为，劳动、知识、企业家和资本创造了公司的全部价值。

（知识资本化）

第十七条　我们是用转化为资本这种形式，使劳动、知识以及企业家的管理和风险的累积贡献得到体现和报偿；利用股权的安排，形成公司的中坚力量和保持对公司的有效控制，使公司可持续成长。知识资本化与适应技术和社会变化的有活力的产权制度，是我们不断探索的方向。

我们实行员工持股制度。一方面，普惠认同华为的模范员工，结成公司与员工的利益与命运共同体。另一方面，将不断地使最有责任心与才能的人进入公司的中坚层。

（价值分配形式）

第十八条　华为可分配的价值，主要为组织权力和经济利益；其分配形式是：机会、职权、工资、奖金、安全退休金、医疗保障、股权、红利，以及其他人事待遇。我们实行按劳分配与按资分配相结合的分配方式。

（价值分配原则）

第十九条　效率优先，兼顾公平，可持续发展，是我们价值分配的基本原则。

按劳分配的依据是：能力、责任、贡献和工作态度。按劳分配要充分拉开差距，分配曲线要保持连续和不出现拐点。股权分配的依据是：可持续性贡献、突出才能、品德和所承担的风险。股权分配要向核心层和中坚层倾斜，股权结构要保持动态合理性。按劳分配与按资分配的比例要适当，分配数量和分配比例的增减应以公司的可持续发展为原则。

"华为基本法"（节选）

有了"华为基本法"的引领，华为的行动力和实践力是超强的。一方面，华为通过领先的薪酬水平和员工持股计划，从中国最好的高校大量招聘优秀本科毕业生、硕士毕业生、博士毕业生；另一方面，华为与全球顶级的咨询公司合作，引入西方发达国家成熟而先进的人力资源管理工具与方法，如华为最早引进英国职业资格标准 NVQ 项目，请 Hay Group、美世等世界知名人力资源顾问公司帮助华为构建胜任力模型及任职资格评价系统、进行岗位价值评估和薪酬改革；全面引进 IBM 的研发、供应链、财务管理流程体系，推进战略绩效执行体系（BEM）及个人绩效承诺体系（PBC）。全球先后有三十多家咨询公司为华为提供专业化管理服务，华为支付的咨询服务费共计超过 300 亿元人民币。这就使华为的人力资源管理从一开始就与世界同步，华为是站在巨人的肩膀上前行，在先僵化再优化后固化的过程中构建了华为独具特色的人力资源专业化管理系统，真正打造了不依赖任正非个人的组织与人才管理机制。任正非曾说："我们就是要致力于打造一个不依赖个人的人力资源管理机制与体制，以后升官发财不是由我个人说了算，也不要由各级管理者说了算，而是要由这套机制制度说了算。"

张建国：当时华为建立了一个人力资源管理三级委员会。一级委员会在公司层面，任正非是委员会主任，各个部门的副总裁作为成员。这个委员会共有十几个人。二级委员会有好多个，研发体系、销售体系、生产体系、行政服务体系中各有一个二级委员会。各个体系的一把手就是二级委员会的主任，其他领导是二级委员会的成员。每一个二级委员会都由七八个人组成。三级委员会由各个办事处或者生产体系、各个部门决策层的领导组成。推行人力资源管理措施的时候，不是人力资源部单独行动，而是二级和三级委员会一起开会，作出决策。二级委员会的主任大多是一级委员会的成员，所以对一级委员会，即公司领导层的思想、公司的目标责任等都很清楚，推行起来就比较积极。

一个人的工资是否应该涨，是按照制度考核，由委会员依据考核的结果审核认定的，不是由部门"一把手"说了算。这样做有什么好处？就是在部门内部，拍"一把手"的马屁是没有用的。如果对这个人的评估结果达不到要求，委员会不同意，也不可能给他涨工资。这是通过人力资源管理委员会来保证公正、公平、公开原则的施行。这个很重要。

彭剑锋：当时华为就成立了人力资源管理委员会，构建了人力资源管理委员会、人力资源部门、党委"三权分立"的人力资源管理体制。人力资源管理委员会由各层级一把手组成，负责人力资源战略方向把握与人事决策；人力资源部门负责执行、落地；党委负责监督。同时，华为还是中国企业中最早引进并创新实践三支柱模型者，构建了全球COE中心、全球

第 2 章 华为最强大的是组织能力

人力资源共享服务平台、深入各业务领域的 HRBP 体系。这就意味着华为的人力资源管理从专业职能层面上升到企业经营管理层面、战略层面。

华为的人力资源管理体系能够建立起来，不仅有人力资源部的贡献，还有所有高层的支持、全体管理者的推动。这是华为巨大的组织保障。华为之所以能够把组织能力打造起来，能够把人力资源专业管理体系打造出来，首先是因为任正非的远见卓识、孙亚芳的有效领导、张建国等人的强力执行和推动；其次是国际国内专家顾问的共同参与、各级管理者的勇于担责和在实战中优化。这就是华为的特色。

所以，总结起来，我认为，华为的人力资源管理体系建设的成功，第一是因为有顶层设计；第二是因为有西方的成熟的专业理论作为基础；第三是因为华为在模仿学习中的优化与创新，有张建国这种很执著的、执行力强的人，把华为的专业组织能力打造起来了。

2.3 对标先进，吸收宇宙能量

对话

彭剑锋：我认为，早年引领华为持续健康成长的除了"华为基本法"，还有从世界级企业的对标学习中汲取的宇宙能量。

特别值得一提的是任正非带领华为高层到美国考察了多家世界级企业。在考察 IBM 时，郭士纳提出的制造企业四条基本原则，对任正非及华为的影响很大。这四条基本原则是：第一，产品领先是根本，而要做到产品领先，必须技术创新领先，而要实现技术创新领先，每年的研发投入要占销售收入的 10% 以上；第二，服务是一种增长战略，企业未来不光是卖产品，还可以卖服务；第三，要建立用户导向型的营销体系；第四，在电子消费品领域，一定要在核心产品上聚焦，要将核心产品做到足够的规模，才能有产业话语权和盈利能力。

郭士纳提出的这四条，正是当时中国制造企业的软肋。第一，研发投入低，产品技术含量低，产品同质化，只能打价格战；第二，企业以生产为导向，没有提供一体化解决方案的服务能力；第三，企业组织是金字塔式的官本位体系；第四，盲目多元化，产品线过于复杂，不能聚焦和做到极致，最后一地鸡毛。

现在回过头来看，华为将郭士纳总结出来的四条原则，变成了华为的常识，并且把它做到位了。有几件事可说明：其一，华为每年从销售收入中拿出10%投入研发，华为的研发投入占比在2018年已达15%，研发投入过千亿元，从而使技术创新的领先驱动了华为产品的领先；其二，华为花重金请IBM帮助华为构建面向客户的组织流程系统，第一个项目，即研发部的集成产品开发（Integrated Product Development，IPD）流程就花了5.6亿元咨询费；其三，华为将服务作为核心竞争力，构建了全球服务网络体系；其四，华为在产业发展方向上聚焦于通信产业这一主航道，将通信设备做到全球第一，再相机进入手机等业务领域。

综上，华为的成功没有秘密。华为就是把握了规律，将常识做到位，真正把IBM的好东西学到位了。当时，任正非提出：要学IBM就要按照"先僵化，再优化，后固化"的原则去做，就是把西方成熟的管理原则、最优实践工具与方法拿过来老老实实地学、僵化地照着做，将人家的真功夫学到位了，再谈优化、创新，最后固化为具有华为特色的东西。

张建国：记得当时任正非带队去美国学习，回来的时候，带回了一本书叫《PACE－产品生命周期优化法》，他一路上都在看这本书。

2.4 华为的强大不仅因为有任正非，还因为有强大的组织能力

"华为基本法"能在华为诞生、落地，客观来讲决定性因素是企业家，是任正非。任正非的伟大，在于打造了一个不完全依赖个人的组织；华为的强大不仅仅是因为有强大的任正非，还因为有更强大的组织能力，华为靠强大的组织能力将十几万知识分子凝聚在一起，使每个人都能从组织平台吸取能量，放大个体的人力资源价值创造效能。

那么华为的组织能力的来源是什么？我认为主要是两大基础支撑：一是以奋斗者为本的专业化人力资源管理体系，二是客户化的流程管理体系。

首先，以奋斗者为本的专业化人力资源管理体系使组织始终充满价值创造活力，来自市场的业绩压力，使组织中的每个人都不敢懈怠，唯有持续奋斗，不断创造高绩效，才能在组织中有一席之地。其次，专业化的人力资源管理体系使企业用人有标准、人才职业发展有通道、人才激励要素多元且有依据，不用看领导眼色、拍领导马屁，而是凭个人能力和业绩。最后，专业化的人力资源管理体系上能承接企业战略、下能深入业务并有效服务员工，打通战略、组织与人的关系。

客户化的流程管理体系使整个组织围绕市场需求来运行，而不是围绕领导来运行，以客户为中心来配置资源并为一线赋能。

很多企业活不长、做不大，是因为组织能力无法形成，而组织能力的形成除了要有人力资源管理体系与流程管理体系这两大基础，还要有两种力量：激情的力量与理性的力量。

激情的力量使组织充满活力和创新，使人才持续奋斗、永不懈怠。理

性的力量使组织方向一致，不犯战略性错误，抑制企业家的原始冲动，使企业家的欲望得到有序释放，使企业家偏执的行为受到约束，能把握成长的节奏而不致出现破产倒闭。组织的理性来自信念的坚守与价值观的践行，对规律和常识的尊重与敬畏，领导团队对共识与规则的遵守，流程制度权威的建立。

中国企业要从具有"老板能力"转向具有"组织能力"，我认为，首先要重建组织规则，要从倚重企业家个体的价值取向和行为风格，转向依赖共享的组织体系和价值体系。规则是约束所有人的，不能建立起规则以后，规则的制定者首先不讲规则、不讲信用、为所欲为，成了规则的破坏者。企业家也是组织中的一员，要遵守组织规则，以身作则，建立起组织理性。

就我对任正非的观察，他的身上有个特点是很多企业家不具备的：他制定的规则，他自己一定严格遵守。在华为，对于制定中的规则，大家可以提意见，但一旦达成共识，规则制定出来了，大家都要遵守，而任正非一定会作出表率。

"华为基本法"的价值首先是帮助任正非和企业领导团队完成了对华为的系统思考，其次是管住了企业家的欲望，让企业家的内在欲望有节奏地释放。所以任正非曾说，"华为基本法"首先是管住他自己。

此外，中国企业普遍缺乏专家权威、流程和制度权威。在华为，谁是专家谁有权威，谁是某个流程的负责人谁就有权威。只有这样，组织的制度和责任体系才能真正建立起来。如果没有这样一个体系，凡事都是老板拍脑袋作决定，决策失误了也是由老板一个人担责，各层级管理者都不用担责，那么，这样的企业的责任体系就建立不起来，而这样的企业无疑是缺乏生命力和战斗力的。

第2章　华为最强大的是组织能力

华为故事

彭剑锋:"华为基本法"出台前后

缘分初起

1995年的华为还在深圳市南山区深意大厦6楼办公。当时,我与包政等5名中国人民大学教授被华为请去讲授"企业二次创业的基本问题""市场营销"等课程。任正非在听了我所讲授的"中国企业二次创业的问题及其解决思路"的课程之后,当即对我说:"彭老师,你今天所讲的中国民营企业的二次创业问题也是华为在发展中所面临的问题,是我们现在正在思考的问题。你们可以为我们提供咨询服务,把华为作为试验田,天天讲理论不行,讲理论会脱离实际,必须把企业作为你们的实验田。如果你们这一辈子能长期跟一个企业,在你们的咨询帮助下,能够把一个小企业做成一个大企业,这将是一个巨大的学术与实践成就。我们之间可以实现双赢。"随后,任正非指派当时华为的考评办公室主任张建国与我们直接对接,正式邀请我们到华为公司做顾问,提供管理咨询服务。

1995年年底,我和包政、吴春波等3位教授来到华为,开始为华为的营销体系提供咨询。我们做的第一个项目就是营销人员的考核方案与办事处管理模式,后咨询内容逐渐延伸到人力资源、生产作业管理、企业文化等领域,专家小组也吸收了黄卫伟、杨杜、孙健敏等学者,使成员增加到近十人。后华为专家顾问小组正式成立了,华为向我们颁发了顾问聘书,并请我担任专家顾问组组长,我们与华为的缘分自此开始。整个咨询前后历时四年多,我们几位教授每年都有近三分之一的时间呆在华为。我们在华为参与和做过的大大小小项目有三十多个,涉及组织与人力资源、生产与库存管理、财务、研发、营销等各项业务领域,完全是华为需要什么,我们就立项做什么。华为对每个项目付费2万~5万元，向每个高级顾问每月支付基本工资5 000元，并在每个签到上班日补贴800元；向参与课题的教授另外支付课题费。在当时，这种待遇是很高的。

华为当时的情形与所面临的突出问题

1995年，是成立仅7年的华为发生战略转折的一年。伴随着C&C08万门局用数字交换机在技术上和局用程控交换机市场上取得重大突破，华为呈现大发展的势头，从而使组织建设、管理制度化建设以及文化建设提到日程上来。但是组织、管理制度、文化怎么建设呢？它的大纲在哪里呢？

从1995年9月起，华为发起了"华为兴亡，我的责任"的企业文化大讨论。华为的干部、员工逐渐把企业文化这个词挂在嘴上，但真讨论起文化来，才发现不是那么回事。到底企业文化是什么，它有什么用，谁也说不清楚。华为宣传部为了活跃对企业文化的讨论，组织了几场辩论会。辩论下来人们才发现，总裁任正非赞同的观点往往与多数人的不同，如，他认为"有福同享，有难同当"是封建意识。不少干部和员工对此很困惑，不知道任正非在想什么，不明白任正非为什么要这样说？此外，随着华为的高速成长，企业规模越来越大，员工越来越多，因而相应的管理问题越来越突出，其中，急需重视的问题就是企业高层与中层干部对企业的使命追求、核心价值观、未来发展方向感到迷惘，上下难以沟通、达成共识。随着企业的扩张、人员规模的扩大，企业高层与中基层接触机会的减少，任正非越来越发现自己与中层干部的距离越来越远，自己无法及时了解下属的工作状况和想法，而下属也越来越难以领会他的意图。下面的人天天在悟任正非在想什么，觉得任正非的话越来越难以听懂；任正非则觉得下面的人日益缺乏悟性、执行力差。缺乏有效的沟通渠道，导致在华为的高

第 2 章 华为最强大的是组织能力

速成长过程中，任正非与员工之间对企业未来、发展前途、未来价值观的理解都出现了偏差，无法达成共识。华为的员工理解不了任正非的意图而倍感困惑，任正非本人也因不能被理解而痛苦。但双方都不知道问题出在哪里，该如何解决。

1996年1月，华为每年一度的办事处主任整训活动，在市场部所有正职干部集体辞职的高潮中落下了帷幕。为了迎接1996年和1997年市场的大决战，华为市场部全体正职干部表现出高昂的士气和开阔的胸襟，表示愿意接受公司的挑选。但市场部集体辞职的壮举，提出了一些企业发展中的根本性问题：干部不适应企业发展要求了怎么办？有功的老员工落后了怎么办？怎么使优秀新员工脱颖而出？怎么使干部能上能下制度化？

为适应大发展的要求，华为在1996年成立了工资改革小组，开始重新设计公司的工资分配方案。改革小组碰到了难题：工资确定的依据是什么？是依据绩效，还是依据职位，抑或依据能力？要不要考虑资历？改革小组花了半年时间，辛辛苦苦搞出了一套职务工资体系。然而，当把具体的人往工资体系中套时，难题又出现了：有些员工与他拿的职务工资并不匹配。在过去，钱怎么挣困扰着华为的管理者；现在，令华为的管理者挠头的是钱怎么发、对人怎么评价。

早在1995年年初，华为开始在全公司范围内大规模推行ISO—9001标准，使公司的业务流程规范化，以全面提高公司的运作效率和顾客满意度。但在重整后的业务流程体系中，各个部门和岗位的职责与权限如何定位？一切按流程操作会不会导致组织的僵化？显然，需要有一个纲领性的文件，来厘清公司组织建设、管理制度化建设和文化建设的思路。这个纲领性的文件被任正非称为华为公司的基本法。这也是彼时摆在我们咨询专家面前的主要任务。

"华为基本法"的诞生过程

此前,华为已经制定了很多规章制度。为了形成一个管理大纲,当时华为的总裁办公室主任陈小东就按照总裁办公室的一贯思路,用了两个月时间把华为多年来发布的规章制度和内部管理条例,加以整理、归纳、删节,进行了一次华为制度体系的整合。但当制度汇编被送到任正非手里的时候,任正非十分不满意,认为陈小东没有领会他的意思。陈小东找到我,经过分析,我们认为任正非此时想要的是能够指导华为未来成长和发展的管理大纲之类的文件。但是,这个管理大纲的内容是什么呢?究竟要写些什么东西呢?谁也不清楚。

针对这一问题,1996年3月,我带着包政、黄卫伟、何凡兴三位老师先期成立了管理大纲研讨小组。一个月后何凡兴老师因故退出,我又正式邀请了吴春波、杨杜、孙健敏等中国人民大学的教授组成华为管理大纲起草专家组。管理大纲的第一稿由包政执笔。但第一稿完成后,包政去了日本进修,于是第二稿改由黄卫伟教授主笔。起草小组一成立就驻扎在华为,与华为人一起研究起草管理大纲。当时,正值香港基本法起草,任正非受此启发,建议将这个管理大纲命名为"华为基本法"。

专家组在一起讨论"华为基本法"的结构时,我认为华为当时的发展面临二次创业,要重新思考企业在二次创业中所面临的基本矛盾与问题,以及处理内外矛盾关系的游戏规则,此即核心价值体系问题。

包政教授提出,"华为基本法"要解决的华为生存和发展的三个基本命题分别是:第一,华为的前途问题——华为要向何处去?华为要成为一个什么样的企业?此即华为的使命、追求、愿景。第二,华为的管理效率问

第 2 章 华为最强大的是组织能力

题，即围绕效率华为应该建立什么样的内部规则体系，以避免因快速扩张导致的管理失控。第三，员工的成就感问题，即通过确立什么样的文化理念与人力资源管理政策，使员工对企业有文化认同、有成就感。

黄卫伟教授则指出，"华为基本法"要解决华为成长和发展过程中的三个基本问题分别是：其一，华为为什么成功？华为过去成功的关键是什么？其二，在新的竞争环境中，华为面临着什么样的挑战、危机？其三，过去成功的要素之中，哪些能够继续保证华为的成功、哪些已经成为华为成功的障碍？华为未来成功要靠什么？

根据专家讨论的结果，任正非最后提出，"华为基本法"要提出企业处理内外矛盾关系的基本法则，要确立明确的企业共同的语言系统即核心价值观，要确定指导华为未来成长与发展的基本经营政策与管理规则。

1996年5月初，起草小组开始在华为公司开展调研和访谈。摆在起草小组面前的是一大摞华为的资料，包括任正非的历次讲话记录、公司管理制度、总共29期的《华为人报》、一本厚厚的《华为文摘》，以及企业文化讨论小组讨论记录等。在当时的中国企业界，很少有哪家企业有这么多记录自身成长历程的文献资料。通过查阅这些资料，起草小组惊讶地发现，任正非简直是一位"政治家"：他每篇讲话的主题，既针对华为发展中的一个个重大问题，又隐含着我国政治、经济管理方面的重大课题。同时，从这些文献资料中，起草小组也能看出，华为拥有众多思想丰富、见解独到的领导人才。

起草小组仔细研究了IBM、HP、INTEL等世界著名公司的宗旨和行为准则，并从《孙子兵法》的结构中受很大启发——《孙子兵法》从兵家的"道"讲起，进而提出战争的一些重大决定因素，阐明战争的本质与原则，然后才转入对战略战术的阐述，而在后一过程中，又处处体现战争的"道"

及原则。通篇结构严密、浑然一体。

企业管理也有其"道",即企业的使命与核心价值观。围绕企业管理的"道",起草小组尝试给出一个基本法的概念框架(见下表)。

1	公司宗旨
2	管理哲学
3	基本经营政策
4	基本组织政策
5	基本人事政策
6	基本控制政策
7	工作道德和纪律

"华为基本法"的概念框架

"华为基本法"的这一基本框架,确定了"华为基本法"是华为的价值观体系和管理政策系统。实际上,"华为基本法"就是要明确回答三个基本问题:华为为什么获得成功?华为能否继续成功?华为要获得更大成功还需要具备什么?

据此,接下来框架起草小组尝试着纳入华为的理念、战略、政策和观点。由此,"华为为什么成功"的原因开始清晰了,"华为要继续获得更大的成功还需要具备什么"也逐渐变得明朗。同时,它也为我们随后所开展的高层访谈提供了重点问题。

在与高层访谈过程中,起草小组把重点集中于华为最成功、最引以为豪的重大事件,从中发现那些成功地引导华为的基本理念和原则。起草小组与高层访谈还特别关注华为目前存在的主要问题,力图分析:第一,这些问题产生的原因;第二,对这些问题能不能用过去成功的经验和准则加以解决,如果不能,应当如何解决。后者恰恰是华为取得更大成功所需要的新理念、新原则。

1996年5月的最后一周,起草小组与高层的访谈进入一个重要阶段,

第 2 章　华为最强大的是组织能力

在这一阶段,起草小组需要不断思考和讨论的一个问题是:"华为基本法"应确定哪些命题?

"华为基本法"所确立的基本命题

管理大师彼得·F. 德鲁克曾经提出过管理的三个经典命题:(1) 实现组织的特殊目的和使命;(2) 使工作富有活力并使职工有成就感;(3) 处理组织对社会的影响和对社会的责任。

而企业要想实现这三个命题,则必须搞清楚三个基本问题:(1) 我们的企业是个什么企业?(2) 我们的企业将是个什么企业?(3) 我们的企业应该是个什么企业?

对于起草"华为基本法"所确立的基本命题,我们所做的也是从这三个问题出发进行思考。

第一,华为的使命是什么?它以什么方式完成自己的使命?任正非几次在不同的场合提到,华为当初选择通信产业完全是出于"幼稚"的想法,只知道通信产业市场巨大、前景广阔,没想到通信产业这么规范、竞争对手的实力这么强大、技术创新的速度这么快。那么是什么驱动着华为义无反顾地选择了通信行业?是企业家的远大追求和使命感。华为不是在今天才超越了众多竞争对手,而是在成立的那一天,就已经具有超越竞争对手的基因。显然,追求应当是基本法的首要命题。

第二,华为是靠什么来实现远大追求呢?靠人才。华为尊重知识、珍惜人才,在中国企业中可谓楷模。华为甚至明确宣布"我们强调人力资本增值的目标优先于财务资本增值的目标"。所以,在"华为基本法"的宗旨中确定人才的命题,阐述华为尊重人才但不迁就人才,尊重个性但又强调集体奋斗的一贯宗旨,是非常必要的。

第三，确立技术创新命题。强调华为在独立自主的基础上，开放合作地发展拥有自主知识产权的领先核心技术，用卓越的产品自立于世界通信列强之林的决心和宗旨是非常重要的，可以增强对产品的自信心，避免常见的以市场换技术，最终最先进技术没有换来，反而大片市场被丢掉的"赔了夫人又折兵"问题。

第四，既已确立了人才和技术命题，那么企业靠什么来吸引、激励和凝聚优秀人才呢？华为的实践表明，靠利益和精神。因此，需要将利益和精神也确定在"华为基本法"，使核心价值观形成一种完整的内在机制。其中，能凝聚华为员工的精神力量是实事求是：一方面，华为必须使员工的目标远大化，使员工感知自己的奋斗与祖国前途、民族命运联系在一起；另一方面，华为坚决反对空想的理想，要培养员工从小事开始关心他人，从对亲人负责做起。在利益问题上，华为有三个基本观点：一是在顾客、员工和合作者之间结成利益共同体，这既是核心价值观，也是华为的大战略。二是使劳动、知识、企业家的累积贡献资本化，实行按劳分配与按资分配相结合的分配制度。三是不让"雷锋"吃亏。这是华为内部动力机制的源泉，也是华为成功的关键。

第五，德鲁克关于社会责任的命题，显然也是"华为基本法"的重要命题。华为有信心、有决心，在电子信息产业领域成为民族工业的脊梁。这是华为人义不容辞的责任。

除了上述几大主要命题，在"华为基本法"的第七稿中，任正非又亲笔加入了"文化"命题。

至此，"华为基本法"的基本命题构架就这样产生了。"九尺之台，起于垒土"，华为的大厦将建立在"华为基本法"这个构架的基础上，华为的

第 2 章　华为最强大的是组织能力

整个管理政策系统将由此演绎精彩。

专家组 & 华为人集体智慧的结晶

围绕核心命题，经过对众多具体问题的调研与讨论，起草小组经过一年多的时间，终于完成了在华为高层基本达成共识的"华为基本法"第三讨论稿。纵观整个研究过程，可以说"华为基本法"是华为员工集体智慧的结晶。"华为基本法"第三讨论稿集中了华为高层的许多重要观点。从"华为基本法"第三讨论稿正式发布时起，任正非就在各种场合动员华为的干部、员工参与讨论。在华为的一次总裁办公会上，任正非说道："基本法的起草一定要搞群众运动，要让员工真正投入。"

基本法第二讨论稿正式发布后，华为上下干部、员工以极大的热情投入到讨论中来，他们对基本法的结构、命题、表述、用语，直到标点符号，提出各种修改建议和意见达数百条。

基本法的第二讨论稿充分吸取了员工的建议，并在每一条前增加了主题词，提炼了主题句。对第二讨论稿的修改意见集中在一些关键的提法上，如对价值创造要素的修正。

基本法第三讨论稿刊登在 1996 年 12 月 26 日出版的《华为人报》第四十五期。许多员工在假期中也将它带在身边，大年三十晚上，吃完年夜饭后，读给全家人听。第四讨论稿发表后，起草小组还收到社会各界热情的来信，提出了不少好的意见和建议。

为了把对基本法的讨论引向深入，华为各大部门的主管想出了不少好办法。中研部采取的方法最为新颖，他们针对"华为基本法"中的一些关键命题设计了几个辩论题，如"规范化管理是提高了开发效率还是降低了开发效率？""产品开发是面向未来还是面向客户？"。辩论会吸引了全公司的员工。

经营者思维——赢在战略人力资源管理

在激烈的辩论中,"华为基本法"的理念如春雨润物,渗入华为人的内心。

经过1997年一年的讨论修改,"华为基本法"改到了第八稿。在第八稿被交付审定会讨论之前,华为的二级部门经理以上的干部,每个人都认真地写下了自己最后的意见和建议。实际上到最终定稿,"华为基本法"前后一共进行了10次删改,最终定稿时间为1998年3月,也即从筹备到成稿前后经历了2年时间。

深圳市南山区明华中心,"华为基本法"审定会会议期间
(左起)孙健敏、任正非、吴春波、彭剑锋、杨杜、黄卫伟
摄于1998.3.23

最后需要提及的是,"华为基本法"的起草过程比其本身更为重要。正是通过这个过程,任正非本人实现了自我超越,完成了对华为未来发展的系统思考。同时通过这一个过程,华为的高层管理团队达成了共识,形成了统一的意志。现在华为的高层管理团队成员都是当年"华为基本法"形成过程的主要参与者。

第3章

"华为2.0版"开启中国人力资源管理新阶段

> 战略人力资源管理阶段，是中国企业管理很重要的一个发展阶段。事实上这一阶段到现在为止并没有完全完成，因为绝大多数中国企业的经营管理还是机会导向而不是战略导向，只有华为等少数中国领先企业真正将人才作为优先发展的战略性资源并付诸管理实践进行探索。"华为基本法"是国内最早对人力资源管理进行战略性系统思考和顶层设计的范本。
>
> ——彭剑锋

3.1 中国企业人力资源管理发展简史

1. 中国企业人力资源管理发展四阶段

前面已经讲过，华为的人力资源管理发展历程，某种程度上是中国人力资源管理发展历程的一个缩影。当然，华为不仅是其中的理念先觉者，在实践层面也为中国企业贡献了最佳案例。

为了让读者朋友更全面地了解中国人力资源管理发展历程，笔者以下作一简单回顾。从人力资源管理的发展史来讲，笔者将人力资源管理分为四个阶段：人事行政管理阶段、人力资源专业职能管理阶段、战略人力资源管理阶段、人力资本价值管理阶段。

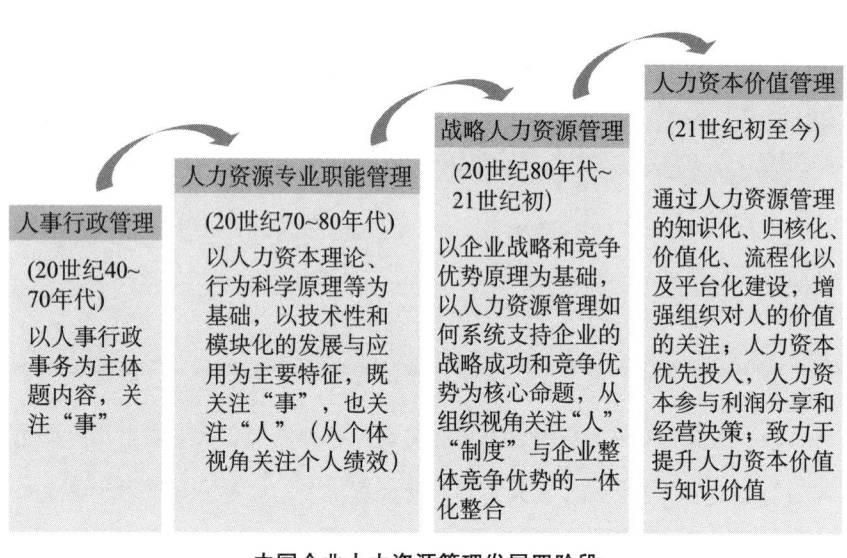

人事行政管理
(20世纪40~70年代)
以人事行政事务为主体题内容，关注"事"

人力资源专业职能管理
(20世纪70~80年代)
以人力资本理论、行为科学原理等为基础，以技术性和模块化的发展与应用为主要特征，既关注"事"，也关注"人"（从个体视角关注个人绩效）

战略人力资源管理
(20世纪80年代~21世纪初)
以企业战略和竞争优势原理为基础，以人力资源管理如何系统支持企业的战略成功和竞争优势为核心命题，从组织视角关注"人"、"制度"与企业整体竞争优势的一体化整合

人力资本价值管理
(21世纪初至今)
通过人力资源管理的知识化、归核化、价值化、流程化以及平台化建设，增强组织对人的价值的关注；人力资本优先投入，人力资本参与利润分享和经营决策；致力于提升人力资本价值与知识价值

中国企业人力资源管理发展四阶段

第一个阶段无须多言。

第二个阶段的发展有几个关键人物和关键节点：首先是关注效率、提出"科学管理"的泰勒。泰勒从研究工人的时间动作开始，通过时间、动作的标准化管理来提高工人的生产效率，进而提高组织的效率。在此阶段，基于对效率的追求，人作为一种可开发、可利用的资源而被重视起来。人力资源管理也作为一个专业的职能，与财务管理等其他管理职能一起，成为独立的职能。其次是彼得·德鲁克。20世纪五六十年代，彼得·德鲁克提出"人力资源"的概念，认为：人作为一种特殊的资源，具有内在潜能和活力，是一种可以创造价值的资源，应区别于其他的资源。这一时期，人力资源部逐渐从行政管理体系中独立出来，成为专业的职能部门；人力

第 3 章 "华为 2.0 版"开启中国人力资源管理新阶段

资源管理也走向了职业化，有专门的职业体系和专门的管理职能；人力资源管理人才培养也走向了专业化。

第三个阶段，即战略人力资源管理阶段，是中国企业管理很重要的一个发展阶段，事实上这一阶段到现在为止并没有完全完成，因为绝大多数中国企业的经营管理还是机会导向而不是战略导向，只有华为等少数中国领先企业真正将人才作为优先发展的战略性资源并付诸管理实践进行探索。"华为基本法"是国内最早对人力资源管理进行战略性系统思考和顶层设计的范本。

一旦人力资源管理上升到企业的战略层面，人力资源成为企业的战略性资源、变成了第一推动力，就意味着：人力资源管理已经跳出了专业职能部门的局限，而要站在企业战略与经营的角度去思考人的问题；人力资源管理也就不再仅仅是人力资源专业职能部门的事情，开始变为企业家、所有管理者和全体员工的责任。

从责任体系的角度来讲，战略人力资源管理涉及四个层面的责任：

(1) 企业家和企业高层承担制定人力资源管理战略、确定人力资源管理方向的责任。在某种意义上，企业家才是企业的首席人才官（CHO），如在华为，任正非只抓企业战略方向，并通过机制创新激活人的潜力，亲自发现和培养高层领导团队人才，而从来不管财务和具体业务。

(2) 中基层管理者不仅要抓业务，更要承担带领队伍和培养人才的责任。不培养人才、不带队伍的干部不是好干部，不能得到提拔。

(3) 员工要承担自我开发与自我管理的责任。提升人才自我驱动、自我开发、自我管理的能力成为人力资源管理的新职能。

(4) 人力资源部门提供专业化的人力资源产品与服务。人力资源总监（HRD）、首席人才官必须通过人力资源管理的专业活动来支持企业的战略落地，推动企业业务的增长。这个时候人力资源管理要为企业的发展贡献三大价值：一是战略目标实现的价值，即战略价值。二是推动业务成长的价值，即业务增长价值。三是要把人才当客户，深入人才心里，为人才提供人力资源产品与服务，为人才发展创造价值即人才发展价值。

在知识经济与互联网时代，人力资本日益成为企业价值创造的主导要素，人力资源也真正成为企业的第一资源，成为企业所有要素中最具有活力、最具创造力的生产要素，成为企业成长和发展的第一推动力。中国企业人力资源管理也由此迈入第四个发展阶段，即人力资本价值管理阶段。

2. 人力资源管理的职能转型：从单一专业职能到"三支柱"

人力资源管理发展很重要的一点是管理职能转型，即人力资源部门的转型。中国企业发展到今天，要求人力资源管理贡献战略实现价值、业务增长价值、人才发展价值，显然，传统的人力资源管理专业职能部门及管理系统是难以胜任的，为此，人力资源管理部门必须要转型升级。

关于人力资源管理的职能转型的探索，国外探讨和实践得比较早，这其中，比较典型的是"HR三支柱"模型。这一模型最早是IBM基于人力资源管理大师戴维·尤里奇的思想，结合自身的人力资源管理转型实践而提出来的。

"HR三支柱"使人力资源管理从单一的专业职能部门升级为三大功能：人力资源专家中心（COE）连接战略、支撑战略；人力资源业务伙伴（HRBP）深入业务、支持业务，帮助一线经理实现业务的成长；共享服务中心（SSC）基于信息化（未来将基于大数据）建立平台，服务员工的需求，提高员工的工作体验价值，提高人力资源管理服务的价值。

对人力资源管理部门来讲，这意味着人力资源管理专业从业者不再是简

第3章 "华为2.0版"开启中国人力资源管理新阶段

IBM的"HR三支柱"模式

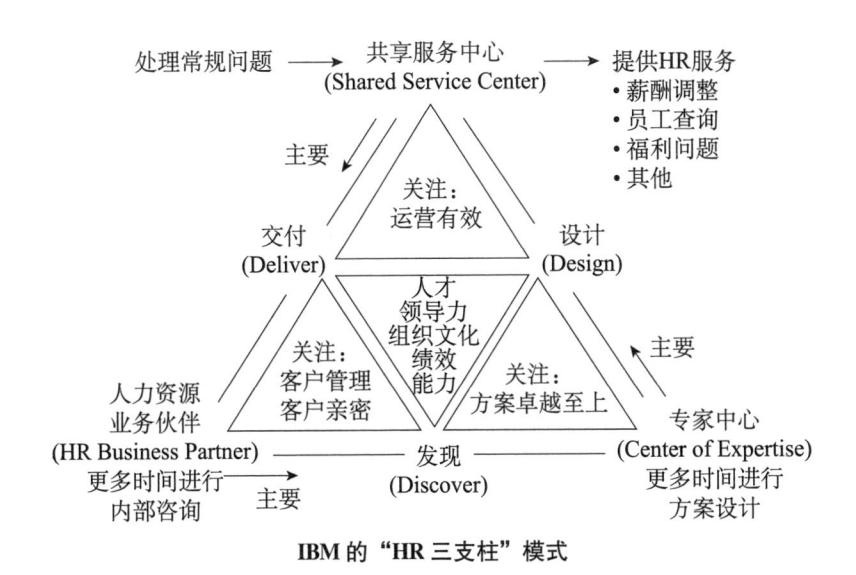

单的专业职能者,首席人力官要像企业家一样去思考,要有战略前瞻性,而不是被动地适应企业战略和业务的要求。战略人力资源对人力资源管理部门有两个关键要求:一是要能找到支撑战略的经营人才、顶尖的技术创新人才、高品质的专业人才,从而打造企业的人才供应链。二是对客户需求要有洞察力,对人性要有洞悉力。人力资源管理部门不仅要理解战略、连接战略,而且要了解业务、理解业务、支持业务,甚至要走进员工的心里,与员工进行有效的沟通,提供客户化的人力资源产品与服务。

"HR三支柱"使人力资源管理职能发生了革命性的变化并且开始真正具有战略思维。

头脑风暴

战略人力资源管理的产生背景

战略人力资源管理的提出有这几方面的原因:一是发轫于20世纪80年代末的新经济,使人才成为企业的一种具有活力与创造力,可开发、可利用、可实现价值增值的"特殊资源"。二是从技术层面来看，技术革命使人力资源管理与企业战略、业务发展的关系更加密切，人力资源如何支撑战略、服务业务成为企业发展的迫切命题。三是互联网技术革命改变了传统的组织与人的雇佣关系，人才也是客户，组织必须了解员工多样化的需求，要依客户理念服务员工。

这些因素使人力资源管理以企业战略与竞争优势原理为基础，以系统支持企业的战略成功和竞争优势为核心命题。这一时期的人力资源管理不仅是一个专业职能，而且成为企业的战略合作伙伴，与企业的战略实现系统的整合。中国的人力资源管理越来越上升到企业的战略层面，人力资源上升为企业的战略性资源，变成了第一推动力。

人力资源职能部门因此而进行转型升级：人力资源管理也要有研发和创新，人力资源产品和服务也要创新驱动，管人的人也要优先发展。在内部，人力资源管理不仅仅是做专业职能层面的事情，还要打通战略、组织、人之间的内在逻辑关系；在外部，人力资源管理要打通社会、组织与人之间的关系。因为现在企业要承担更多的社会责任，包括对员工的福利、安全的保障，所以人力资源管理必须要以人为本。这是整个人力资源管理的发展趋势。

3.2 领先者思维：华为的人力资源管理新思考

1. 华为人力资源管理的始终不变：价值观

2018年4月，华为发布了《华为公司人力资源管理纲要2.0总纲（讨论稿）》（以下简称纲要2.0），引起了高度关注和广泛讨论。

第 3 章 "华为 2.0 版"开启中国人力资源管理新阶段

可能很多人要问：怎么没听说过华为的纲要 1.0？2010 年 3 月，华为成立了一个人力资源管理纲要整理小组，由轮值 CEO 胡厚崑先生任组长，目的是从华为过去 30 年所取得的成功和经历的挫折中，总结华为人力资源管理方面的战略理念、价值体系、基本政策、框架体系、管理原则和基本的方法工具，识别那些未来能够支持华为长期成功的人力资源管理的关键要素，以及可能导致华为走向失败的潜在风险；并在这个基础上归纳和总结出指导华为成功的人力资源管理体系。整理的素材，主要来自公司的文献；提出的基本框架理论部分，包括组织、组织文化、价值评价、价值分配、干部和员工，共六个部分。这个工作成果就是 2014 年出版的《以奋斗者为本》、《以客户为中心》和《价值为纲：华为财经管理纲要》。这三本书可以算是华为人力资源管理纲要 1.0，虽然并没有正式命名为"纲要 1.0"。

从"华为基本法"到纲要 1.0，再升级到纲要 2.0，这既说明华为对人力资源管理的思考是延续性的、体系化和系统性的，也说明华为对人力资源管理的思考和建构是紧贴时代的，是中国企业发展到今天在新的时代背景下的认知革命。

华为纲要 2.0，以整理人力资源管理为主题，总结回答了："华为过去为什么成功？华为过去的成功能否引领未来的成功？华为能否持续赢得未来的成功？"纲要 2.0 是一个纲领性文件，是在人力资源的组织机制创新上，对如何完成面向未来的系统性人力资源组织机制的思考。

纲要 2.0 开篇即提到：30 年来，在公司创始人及创业团队的奋力牵引下，在全体员工的共同奋斗之中，公司实现了从一无所有到三分天下、从追随者到行业领先者的跨越性变化。华为的人力资源管理体系是基于领先者思维的，领先者思维决定了它必须在继承的基础上不断进行创新。如何在积累与创新之间找到一个平衡点，是2.0版本所要解决的问题。

总裁办电子邮件

电邮通知【2018】028号 签发人：任正非

关于《华为公司人力资源管理纲要2.0总纲（公开讨论稿）》公开征求意见的通知

公司各部门、全体员工：

  欢迎批评与建议。篇幅太长，欢迎下载。

  为支撑公司长期战略，适应未来公司业务管理的需求，针对公司人力资源管理现存的主要问题和未来的管理需求，经过近一年的高层酝酿与研讨，人力资源委员会纲要工作组初步形成了《华为公司人力资源管理纲要2.0总纲（公开讨论稿）》（后简称"总纲讨论稿"）。

  总纲讨论稿初步总结了三十年来公司人力资源管理不断使能公司发展过程中所积累的成功经验，识别了当前仍然存在的主要问题。在洞察行业环境及业务变化对人力资源管理提出新挑战的基础上，结合公司发展的新愿景与目标，提出了公司业务管理与组织运作的新模式，并基于新模式提出了有关公司未来人力资源管理工作的主要目标、宏观途径以及关键管理要素的改进方向与要求的初步思考。

  本次公司人力资源管理纲要2.0总纲的制定过程将是一个不断识别变化、发现问题、探索解决途径的动态迭代过程，过程中将不断开放讨论、汇聚各方智慧。为此，特对现阶段形成的总纲讨论稿予以过程性公开，希望公司全体员工认真阅读，欢迎积极提供建设性建议。

纲要2.0公开征求意见的内部文件

  华为是一个非常有战略定力和价值观坚守的公司，它做任何事情不是心血来潮，一定是基于未来的使命和愿景，基于它所坚守的核心价值体系。在人力资源管理方面，华为把它作为企业管理的一个战略要素。从"华为基本法"到纲要1.0、纲要2.0，是在传承的基础上创新的过程，是一个连续性的创新思想的发展脉络。

  纲要2.0有以下"六个不变"。

  （1）方法论没有变。纲要2.0基本上沿用了"华为基本法"的方法论：华为过去为什么成功？过去的成功能否引领企业持续地成功？企业走向未来的成功要靠什么？这个三段论的范式，就是总结过去成功的经验，直面问题，直面挑战，对未来完成一个系统性的思考。

  （2）华为的战略定力思维模式没有变。华为之所以一贯采用这种模式，

第 3 章 "华为 2.0 版"开启中国人力资源管理新阶段

笔者认为是基于华为的一个理念,即管理是积累式创新,而不是颠覆式创新,管理是70%积累+30%创新。在数字化时代,商业模式和技术创新是颠覆式创新,但管理,尤其是华为这样世界级企业的管理,必须建立在继承积累的基础上,同时它是一个持续的过程。管理,是一盘永远下不完的棋,也是不断进行的变革创新。

(3)纲要的核心命题也没有变。人的价值和组织的活力,是一个永恒的主题,也是一个基本的命题。纲要2.0承认劳动者是价值创造的主体,并激活个体的价值创造活力。

(4)华为独特的、以价值创造为管理循环核心的价值观体系。价值创造、价值评价、价值分配的循环体系,是华为独创的一个体系,是华为的特色。

(5)干部管理的系统没有变。纲要2.0仍旧抓干部队伍、抓人才、抓组织这三个核心。

(6)整个大纲仍旧体现了任正非的管理智慧和思想。任正非的确是善于自我批判、自我突破的人,尽管他已经是七十多岁的人了,但他的管理思想和理念,还是走在时代的前列。他能够吸收数字化时代、大连接时代、智能化时代的新思想。可见,思想和年龄不能画等号,在思想上是没有年龄局限的。

2. 决定华为人力资源管理升级的几个变化因素

纲要2.0首先界定了华为发展的四个阶段,这与我们上面所说的是一致的:企业的人力资源管理命题是企业的经营阶段所决定的,是经营带出来的命题;人力资源要支撑企业战略。那么发展到这一阶段的华为的人力资源管理所面临的问题是什么?笔者认为主要有以下几个方面的问题。

(1)技术环境发生了变化。华为在2017年年底提出了新的使命愿景："我们致力于构建万物互联的智能世界，希望让每个人、每个家庭、每个组织获益，都能享受数字化、智能化在生活、工作、学习、健康等各个方面带来的价值。"这就意味着华为的使命要完全融入未来数字化的世界，华为要成为数字化经济增长点的引擎。作为企业来讲，华为就要真正建立数字化战略思维，这给华为现有的人力资源管理体系带来了全新的挑战。

(2)华为的商业模式创新。华为发展到今天，要成为数字化世界的引擎，就要将其商业模式从过去的"一棵大树"转变为"一片森林"，即"共同价值守护与共同平台支撑下的分布式经营模式"，以实现公司在多业务结构下的持续健康发展。这是它的商业模式所面临的最大挑战。过去，某种意义上华为的人力资源管理是一种集中式的管理；现在，在多业务结构的条件下，它面临如何进行分布式经营、原有的组织体系和人才管理机制能不能适应现在"平台化＋分布式＋生态化"的商业模式创新问题。

(3)未来的商业模式的驱动机制，就是真正的创新＋人力资本的驱动。过去华为有两大驱动力：一是技术创新，二是客户需求。未来，华为要从模仿创新走向颠覆创新，人才管理机制是不是能够继续激发人的创新动力，让整个组织真正能够实现创新，也是华为面临的一个挑战。

(4)人才管理体系面临很大的创新挑战。华为的组织体系和人才管理机制，是不是真正能够实现客户化导向？是不是真正能够满足消费者快速变化的、个性化的需求以及消费者一体化价值体验的需求？另外，现在华为的员工队伍，相对互联网企业的员工队伍是年龄偏大的。在这么一种体系中，华为的人才管理机制该如何进行创新？

(5)华为有新的使命、愿景，如何用新的使命、愿景来重塑华为人的

第3章 "华为2.0版"开启中国人力资源管理新阶段

使命、追求，激发华为人的创新创业激情，应该说是现在华为人力资源管理面临的大问题。

华为的人力资源管理面临的这五大问题，其实并不仅仅是华为的问题，而是改革开放40年来，中国企业发展到今天所要面临的普遍问题，比如，价值观被稀释的问题；考核与激励过于短期化、精细，导致组织经营与管理行为过于短期化的问题；部分干部缺乏使命感与责任感及求真务实的工作作风，队伍存在一定程度的板结，个人能力提升跟不上业务快速发展变化的需求的问题；员工队伍流动板结、结构管理不平衡，员工群体知识逐步老化的问题；过度厚重的过程管控、过于复杂的责权分配严重影响了组织价值创造的能动性与运作效率的问题，等等。

在整个数字化、大连接和智能化时代，中国企业所面临的组织和人力资源的问题（下文会具体讲），可以归结为一句话，就是组织和人力资源不适应发展需求的问题。从这个角度来看，华为纲要2.0的价值就超出了华为，而是中国企业中的领先者在时代背景下作出的思考。这一方面，体现了华为的战略自信、文化自信和制度自信；另一方面，体现了华为的开放以及华为的战略生态思维和社会责任担当的思维。

纲要2.0不仅是华为的，也是中国的，甚至在某种意义上是世界的。

3.3　华为纲要2.0的启示

1. 纲要2.0的坚持与强化

从"华为基本法"到纲要2.0，华为始终坚持并且强化的立场原则有以下几方面。

(1) 人才的定位以及人才的核心价值。纲要2.0中多次提到人力资本的增长优于财务资本的增长,人力资源管理是企业经营成功与持续发展的关键驱动要素。这是"华为基本法"中所强调的,是华为一直坚守而强化的。华为一直将人力资源作为企业优先发展的战略性要素。

(2)华为的人力资源体系仍然是三维结构,仍然围绕着三个问题构建体系:人力资源管理的基本出发点是什么?支撑整个人力资源管理的基础体系是什么?人力资源管理作为一个系统的主要抓手是什么?这三个问题,一个强调出发点,另一个强调基础,还有一个强调抓手。这沿用"华为基本法"的理念及二十多年实践中的做法,即,劳动是价值创造的主体,人力资源管理的根本出发点是持续激发个体价值创造的活力。纲要2.0特别注明了"劳动"包括知识创新,劳动者包括企业家,也包括体力劳动者。

(3)人力资源管理是企业文化的底座。换句话说,企业价值观的落地,要依靠人力资源管理机制的创新。纲要2.0特别强调价值观在管理中的作用,认为价值观的管理是人力资源管理的底座,也是整个企业文化的底座。

(4)华为人的自我批判精神。自我批判也是一种自我超越,这种精神在互联网时代,在不确定时代,是永恒的。人就是要不断地自我超越、自我批判,在这个过程中实现升华。自我批判的纠偏机制,从"华为基本法"到纲要2.0,没有变。

(5)价值创造、价值评价、价值分配的框架体系没有变,且被赋予了新的内容。关于人力资源管理的抓手,很多企业提出新三支柱——文化、组织发展、人才。华为的人力资源管理也是三个抓手:干部、人才、组织。华为强调的是对干部的管理,干部仍然是组织管理的核心。把组织发展、干部管理作为人力资源管理的抓手也是华为非常独特的做法。

2. 纲要2.0对中国企业人力资源管理的启示

纲要2.0是华为人力资源管理的升级和创新,也代表了中国企业人力

第 3 章 "华为 2.0 版"开启中国人力资源管理新阶段

资源管理的发展新阶段。这里面有几个亮点,也是对中国企业人力资源管理的启示。

(1) 强调人力资源管理的价值贡献。人力资源管理要支撑战略、支撑业务,为客户和企业创造价值、贡献价值,其贡献价值点是多维的,但核心是纲要 2.0 所提出的:人力资源管理的价值贡献,是让组织充满活力。要让组织始终充满活力,人力资源管理就要和文化结合在一起,要赋予员工远大的抱负和使命感,让员工有激情,能够从被驱动到自我驱动。通过重组员工的使命激情,通过愿景驱动来为组织作贡献,使所有员工朝着共同目标去努力。这是很重要的一个价值贡献。

(2) 提高组织面对变化的适应力和感知力,这是人力资源活力的体现。纲要 2.0 从几个层面讲到:要让企业高层对未来有洞见力,对客户有洞察力,对人性有洞悉力。企业的整个人才管理机制,要能够让企业对变化与需求有洞察能力;同时在企业形成鼓励大家担责、包容试错的文化氛围。人力资源管理要始终让组织充满活力,这不是一句简单的话。它主要体现在让整个组织充满激情,让整个组织能面对变化,让整个组织具有创新能力。这是互联网时代人力资源管理的新思维,主要强调应对变化的组织变革、组织创新以及纠错纠偏的能力。

(3) 基于信任,简化厚重的管理体系。这是纲要 2.0 中提出来的落实纲要的主要途径。这是一大亮点。客观来讲,华为的整个人力资源管理体系中,最有效的并不是信任体系,而是在目标牵引下对十几万人进行有效管控的体系。这样的管控体系使每个人不敢惰怠,不敢腐败;使企业一有腐败分子马上就能够被揪出来;使整个组织堡垒没有从内部被攻破。但是这种机制还是一种外在的机制,并不是一种内在的信任文化,没有建立在信任文化的基础之上。纲要2.0这次提出的简单信任,是对原有的体系的突破,主张的是考核不要那么复杂,组织的管控体系上不再那么厚重,以避免官僚主义、形式主义。

纲要2.0提出实现以信任为基础的管理,在边界清晰、结果导向的条件下,充分发挥员工的工作自主性,鼓励在一定边界之内,面向不确定性积极探索,容忍追求目标和实现工作过程中的试错。过去,工作是不允许犯错的,现在则鼓励试错:在内外合规、结果导向的基础上,逐步减少过考核、过监管、过问责的过程性管控。强调正能量导向,简化和优化KPI考核机制,重塑"胜则举杯相庆,败则拼死相救"的奋斗精神,以解决组织与个人协作共进的积极性。

提出基于信任而不是基于管控的管理体系,是中国人力资源管理的一大进步。

(4)面向差异化业务与人群,实行差异化的管理。这也是纲要2.0所提出来的人力资源管理的主要途径。华为发展到今天,已经从电信设备供应领域,进入通信消费领域,未来还要进入云计算、智能汽车等全新的领域。这种完全差异化的业务,对现在员工的差异化、个性化有了需求。如果还用华为原有体系进行管理的话,确实会面临很大的挑战。

纲要2.0所提出的业务的差异化管理与人的差异化管理,对当今企业的管理是非常有启发的。现在中国很多企业走不出"一统就死,一放就乱"的怪圈,就是不知道如何实现平台化和分治管理相统一。纲要2.0对此作了详细的论述:集中的管控平台和分治管理;尊重业务链的差异化;采用多元与灵活的方式。纲要2.0就如何依据企业业务的多元化和差异化,实现差异化的人员管理,提出了很多有新意的思路和举措。

第3章 "华为2.0版"开启中国人力资源管理新阶段

(5) 以导向上的灰度，发挥激励作用。在"平台＋项目"的运作模式下，如何基于任务来进行协同？纲要2.0提出不是依据权威来进行协同，而是基于组织共同的目标进行协同；在操作层面上，基于任务来进行协同，鼓励集体奋斗下的个人英雄主义。以使命连接员工的表现，要符合不同层级的员工的需求而不是统一思想，不要采用军队式的管理、洗脑式的方式，而是要尊重每个人的个性，尊重员工的创造性。纲要2.0提出"导向上的灰度"，与任正非所提出的"战略方向大致正确，保持组织的活力"相呼应，这是一大突破。过去在战略上是看准了就千军万马压上去，一条路走到底，但现在，在战略导向上也强调灰度。

(6) 将获取分享制向产业链与生态链延伸，以更多元与灵活的方式，支撑公司业务所需的全球能力布局。笔者认为华为的人力资源管理实质上是共担、共创、共享的一种合伙机制。

(7) 强调重视干部队伍、主管队伍的建设。这是华为的一大特色，也是它的成功法宝之一，值得中国其他企业学习。

3. 结语

总的来说，回顾中国人力资源管理发展历程，华为是一个缩影，更是一个代表。华为人力资源管理的特色和成功之处有八大方面：基于文化价值观的人力资源管理顶层设计，体现为"华为基本法"、纲要2.0；创造性提出并构建人力资本价值链管理循环体系；小熵理论与组织人才激活模型；以奋斗者为本的人才管理机制创新；人力资源管理三权分立与轮值CEO制度；多通道任职资格标准与评价体系（管理、专家、项目）；平台化赋能＋铁三角组织模式；动态的虚拟股权计划与获取分享制。

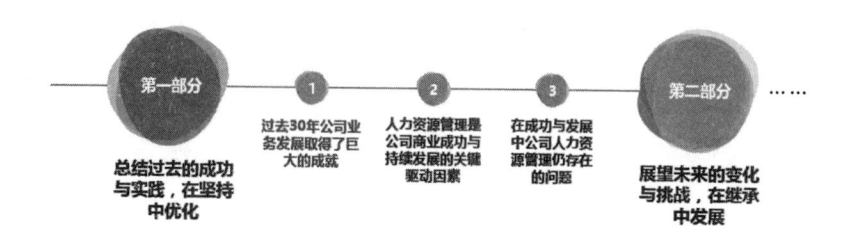

经营者思维——赢在战略人力资源管理

总纲目录

第一部分 总结过去的成功与实践，在坚持中优化

1. 过去30年公司业务发展取得了巨大的成就
2. 人力资源管理是公司商业成功与持续发展的关键驱动因素
3. 在成功与发展中公司人力资源管理仍存在的问题

第二部分 展望未来的变化与挑战，在继承中发展……

纲要 2.0 目录 1

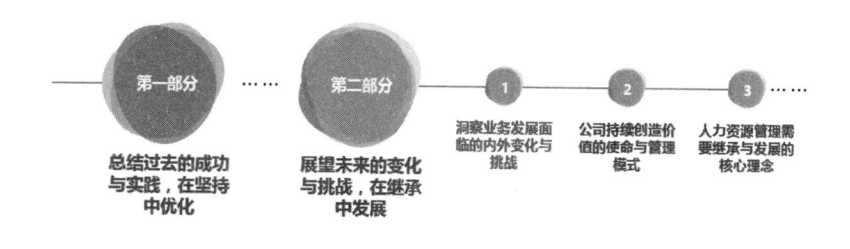

总纲目录

第一部分 总结过去的成功与实践，在坚持中优化 ……

第二部分 展望未来的变化与挑战，在继承中发展

1. 洞察业务发展面临的内外变化与挑战
2. 公司持续创造价值的使命与管理模式
3. 人力资源管理需要继承与发展的核心理念

纲要 2.0 的目录 2

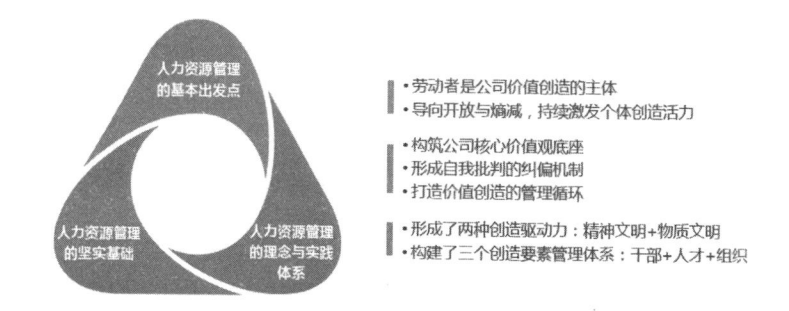

- 人力资源管理的基本出发点
- 人力资源管理的坚实基础
- 人力资源管理的理念与实践体系

- 劳动者是公司价值创造的主体
- 导向开放与熵减，持续激发个体创造活力

- 构筑公司核心价值观底座
- 形成自我批判的纠偏机制
- 打造价值创造的管理循环

- 形成了两种创造驱动力：精神文明+物质文明
- 构建了三个创造要素管理体系：干部+人才+组织

华为人力资源管理体系的三维理论模型

58

第二篇 挑战与变革：时代巨变下的人力资源管理实践

第4章

品质发展、数字时代提出人力资源新命题

> 人才不是为我所有,而是为我所用,这必将成为一种普遍现象,而这是人力资源管理平台化、生态化的前提条件。
>
> ——张建国
>
> 总结起来,数字化、智能化时代要求人力资源管理走向"六化":专业化、标准化、模块化、插件化、平台化、生态化。这"六化"之间实际上是有逻辑关联的。
>
> ——彭剑锋

4.1 品质发展时代要求企业家自身实现转型突破

改革开放40年来,中国经济确实从规模增长转为有效增长,真正进入创新驱动与品质发展的时代:由单一地追求规模,转向有质量的增长;由机会导向转至战略导向;从追求做大转向追求强大;从野蛮成长向文明成

长转变；从企业家的企业转向企业的企业家。从国家层面来看，从单一地追求 GDP 转向高质量发展。从企业的角度而言，要为社会提供安全、环保、健康的产品和服务。最近，我提出要回归到"品质发展时代"。这个时代给人力资源管理带来全新的要求，首先表现为对企业家个人转型突破的要求。

一是企业家的追求必须要以事业为导向，而不是以生意为导向。企业家只有以事业为导向才会加大对技术创新和人才的投入，从机会转向战略，使企业获得长期发展，继而保持基业常青。就像雷军所讲，要把真材实料作为一种信仰，把做好产品作为一种信仰，回归到企业经营的本质，要做好产品。

要做好产品就必须加大对技术创新和人才的投入。中国经济正从量变走向质变，进入品质发展时代。实质上，在品质发展时代中国企业面临诸多方面的转型问题，比如企业家难以自我超越，高层领导团队转型变革领导力滞后等。因为高品质产品与服务的供给领导力来自企业家，如果企业家还是抱着旧观念，只想着赚钱，"捞一把就走"，他们怎么可能追求高品质呢？这是一个很现实的问题。

二是企业家对人才评价的标准和绩效价值导向面临着挑战。现在中国企业面临的最大问题是如何看待人才评价标准和绩效价值取向。绩效价值取向是指挥棒，人才评价标准是路标，指引着人才发展的方向。人才评价标准要从单一结果导向转至注重过程与结果。

过去，许多企业的人才评价标准是单一的结果导向，只以成败论英雄，只要员工能够给企业带来业绩，就不追究他使用的是什么样的手段。现在企业要从单一地追求规模发展到追求品质发展，随之企业的人才评价标准和绩效价值导向也要发生变化：不单是追求结果，还需要考量实施手段和

第 4 章　品质发展、数字时代提出人力资源新命题

获取业绩的过程，业绩的获得要合法、文明、合规。这对企业及企业家来说都是一个挑战。

追求品质发展，实现人才和创新驱动，那么人才的选拔标准就要改变。创新型人才和企业家型人才都是有个性的，甚至是有缺点的，所以整个人力资源评价体系就要能包容失败，能接纳有个性和有缺点的人。这是一个挑战。

三是人力资源管理本身的定位与角色面临挑战。过去，人力资源管理者的定位和角色是：人力资源管理专业从业者，也就是我们一般说的，管理学相关专业科班出身，到企业专职搞管理的人。改革开放 40 年来，中国企业在人才专业化方面取得了很大成就，培养了众多科班出身的人力资源管理者。人力资源管理队伍经过多年的发展，培养出一批有专业特长的专家型人才，全面提升了中国企业现代化管理的水平。但是，到目前为止，绝大部分企业的人力资源管理还处于事务和专业职能层面，尚未上升到帮助中国企业转型层面，尚未能够推动战略转型、变革及业务增长，尚未能够满足现在新生代员工的需求。

在转型升级的大背景下，一部分企业也在尝试管理改进，如引进"HR 三支柱"等。但笔者在实践中发现，中小企业很难真正推行的"三支柱"，绝大多数中小企业推行的"三支柱"都是"瘸腿"的。因为中小企业仍是以机会为导向求发展，并不是以战略为中心，即便企业成立了 COE 中心，但没有足够多的专家真正理解和落实公司的战略，会使 COE 形同虚设。而且，很多企业也缺乏 HRBP 复合型人才——既熟悉业务，又擅长人力资源管理。比如，华为面临的问题是大量学业务出身的人做 HRBP，其劣势在于对人力资源管理并不专业；在腾讯做招聘工作的人员可能出身于人力资源

管理专业，但是并不熟悉腾讯的业务（当然，腾讯的业务有特殊性，因为作为互联网公司，腾讯的业务变动很快）。

同样，要想真正建立起交互式的人力资源管理平台，需要人力资源管理的人才跨界融合：既要熟悉人力资源管理，又要熟悉金融、数据化、信息化及财务核算。

大企业虽然具有"三支柱"实施的基础，事实上却很难贡献三大价值，即战略价值、业务增长价值、员工服务价值。这需要人力资源管理提升综合服务能力、技术创新能力，同时也要提升人才的量级、人才的能级。这是整个人力资源管理体系向什么方向发展的问题。

四是品质发展时代，如何提升人才发展的品质？人才管理在进入品质发展时代？要注意两个方面的问题：一是如何真正做到提升人才对企业增长的贡献，也就是人力资本的贡献率；二是如何提高人均效率。

中国企业现在面临的问题是人力资本对企业的贡献率并没有得到极大的提升。往往是企业做大了以后，人均效能却越来越低。提高人均效率非常重要，有的企业做到了，比如华为，其做法是减员、增效、涨工资。

品质发展时代，中国企业要从机会导向转向战略导向，从低劳动力成本与粗放式资源投入驱动，转向创新与高素质人才驱动，就必须提升企业的人力资源战略准备度与战略管理能力，提高人才对企业战略成长与业务增长的价值贡献度。但目前大多数企业的人力资源管理还停留在专业职能层面，没有上升到战略层面，人力资源管理难以支撑并驱动企业的战略转型与变革；人力资源管理与业务发展脱节，新的战略与业务面临人才的严重短缺，核心人才队伍难以形成；企业无法快速培养员工的技能以适应当前及未来业务发展的需要，企业业务增长的人力资源内在价值驱动力不足，人才价值贡献度不够。

4.2 数字化、智能化时代组织的"五去"

数字化、智能化时代，对人力资源管理提出了新的挑战。数字化、智能化使组织的劳动生产方式发生了深刻变革，人与人之间的协同方式也发生了变化。此外，组织也越来越扁平化、越来越网状化，金字塔式的结构被打破了。

在适应技术变化的背景下，一些企业已经在组织变革方面作出了有益探索，如红领集团提出了源点组织论；韩都衣舍提出了"平台＋项目小组"的蚂蚁军团式组织；海尔提出了"平台＋自主经营体＋创客化"的指数型组织；华为提出了基于"平台＋小集成经营体"的铁三角、陆战队与重装旅式组织；小米实践了"开放式平台＋生态化组织"；京东提出了新三维组织（客户导向型组织、价值契约的钻石型组织、竹林共生的生态型组织）；阿里巴巴提出了"平台＋赋能型组织"；2015年美的开始了核心思想为去中心化、去权威化、去科层化的内部组织改造，并借此构建了以7大平台、8大职能和9大事业部为主体脉络的"789"新组织架构；温氏构建了基于互联网连接的"平台化管理＋56 000个家庭农场"的分布式组织模式；永辉超市提出了"平台＋小前端＋富生态"的组织形态。所有这些企业的组织变革与创新都体现出以下五个特征。

(1) 去中介化。缩减中间层，降低组织的决策重心与减少管理层级，由垂直科层、单一结构转向扁平网状结构，打造扁平化、平台化、赋能型组织。

(2) 去边界化。打破内外边界，构建生态，使整个组织内外跨界、开放融合，拆除"部门墙"，打破"流程筒"，以客户为中心平行自动协同，形成生态化系统，为客户提供一体化的价值体验。

（3）去戒律化。打破固有秩序与规则，开放包容，鼓励员工创新创业，充分尊重人的自主创新精神，通过事业合伙机制，真正让员工有更多机会参与管理与共治，使员工从被动工作转向自我担责、自我驱动。

（4）去威权化。淡化威权领导，倡导赋能领导，打破官本位，开放职业发展通道，尊重专业权威与业务权威，按角色与任务、责任建立汇报沟通关系。

（5）去中心化。打破一切以行政领导为中心的垂直指挥命令系统，一切以客户为中心构建多中心平行运行机制。去中心化不是组织不要核心、不要集中配置资源，而是要以客户为中心来实现资源的动态配置。中心不是来自预先设计，而是来自市场与客户的动态选择。

"五去"将使未来的组织变得更轻、更简单，与此同时也将改变组织形态、组织方式和生产组织方式，自然对现在的人力资源管理模式提出了挑战。

首先，劳动组织方式和协同方式的改变，自组织、项目式组织等新组织模式，对传统的以岗位为核心的人力资源管理提出了挑战。过去是以岗位、能力为核心，现在岗位天天在变，有些组织里甚至没有岗位，也不再要求人的单一专业能力，而是需要人的复合、跨界的能力。现在提出以客户为导向，以工作任务为核心进行组织。客户有了需求，产生了工作任务，有了工作任务再产生人才需求。

其次，过去是围绕一个核心构建组织，现在是多中心、分布式，组织走向了"平台化＋分布式"。由此带来的问题是：在这个组织体系中人怎么定位？人与岗位间是什么关系？团队怎么组建？

4.3 组织新形态呼唤人力资源管理实现"六化"

对话

彭剑锋："平台化＋分布式"的组织变革趋势下，人将不再固定在一个岗位上，而是以角色定位。这就带来了几个变化：一是以岗位为核心转向以角色为核心。人到底该怎样以角色为核心，是企业要研究的问题。二是人力资源管理将走向模块化、插件化。人将依据不同的工作任务进行组合，像插件和模块一样。其实人瑞集团就是在人力资源管理功能上建标准、建模块、建插件，然后针对不同企业的需求对模块、插件进行组合。

张建国：模块化和插件化实现的前提是专业化和标准化，没有专业化的分工和标准化的"接口"，管理"模块"就没办法整合。未来人力资源管理究竟应系统化还是应平台化？我们可以这样来理解：系统化可以是建立集成系统，平台化可以是不同的人组成在一起，形成一个服务功能。一个公司可以自己系统化地建立所有的功能，也可以平台化地组合外面的专业公司来共同完成一个项目。而生态化是指一个人的发展不取决于某一家企业，可以超越一个企业的范畴和局限，在整个社会与行业的空间内发挥个人的最大价值，实现社会价值的最大化。

借助人力资源服务业，企业的人力资源管理才可以实现生态化，因为人力资源管理服务提供方不仅可以为企业提供多样化的人才服务，而且可以为个人提供金融服务、社会安全保障、职业技能提升等。服务的背后是资源，通过不同资源的整合与共享，可以形成一个可以持续发展的生态链。但如果是企业自己来整合资源，构建这样一个生态化的人才管理平台，那付出的成本就太大了。

彭剑锋：很多人认为数字化时代完全否定了工业文明的标准化、专业化，其实是不对的。连接、交互在数字化时代非常重要，平台通过连接、交互专业化、模块化的人力资源管理服务产品，可进一步形成标准化的插件，进一步产生连接和交互。专业化模块如专业招聘、专业培训；标准化是指建立起标准体系和方法，比如招聘的标准体系和方法，而模块化是通过工具、方法、人把招聘的工作变成一个一个的部件，根据不同企业、不同业务将部件进行组合。

张建国：构建了人力资源管理的模块化部件以后，人力资源管理的效率就会极大提高，因为它可以成为一个插件，插到原有的管理体系中；它既可以为 A 服务，也可以为 B 服务。

彭剑锋：这就需要发展人力资源管理服务的平台化公司，面对几十个业务系统，用插件插入的方式为企业提供个性化的服务。

张建国：这也要求企业组织的平台化。企业如果有一个很强的人力资源管理系统，就可以根据业务的需求给 A 公司提供一个插件，给 B 公司提供另一个插件，联合起来就组成了一个平台，这个平台的效率会很高。比如，京东作为一家电商，它若要在线下开 1 000 家店，就是要进入另外一个"战场"，与传统连锁零售企业竞争。京东做电子商务非常成功，但是对门店连锁业务并不熟悉，而人瑞集团在为连锁零售企业提供服务的过程中，积淀下了成熟的经验和操作模式，有专业化、标准化、模块化的管理能力，若京东与人瑞合作，它就不用重新建设线下门店的管理体系，而是直接把人瑞的模块接到它的平台、插入它的业务模块中就能迅速开展工作。

彭剑锋：大平台由点、线、面、体构成，体就是生态，最终构建了生态链。比如，小米现在不只整合内部人才，还包括三百多个生态组，创业

第 4 章　品质发展、数字时代提出人力资源新命题

家也变成企业生态中的核心人才了。

张建国：人才不是为我所有，而是为我所用，这必将成为一种普遍现象，而这就是人力资源管理平台化、生态化的前提条件。

彭剑锋：总结起来，数字化、智能化时代要求人力资源管理走向"六化"：专业化、标准化、模块化、插件化、平台化、生态化。这"六化"之间实际上是有逻辑关联的。一定是先实现专业化，才能实现标准化；有了标准，就可以组建标准化的模块及"接口"；每个管理模块能变成插件，根据业务需求、任务特点自由组合，在平台上进行生态化的交互、连接和融合。其实，这也是未来人力资源管理的 18 字方针：专业化、标准化、模块化、插件化、平台化、生态化。

张建国："六化"的提出非常关键。不过，我认为支撑"六化"的其实还是信息化、数据化。人瑞集团现在能为企业提供专业化、模块化、插件化的服务，是基于这些年积累的大量的数据和信息化的后台系统。

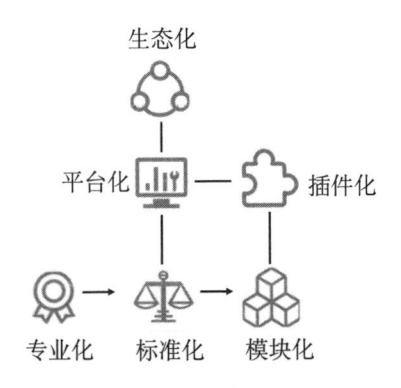

"六化"推动实现了人才为我所有到为我所用，
而信息化与数据化是支撑"六化"的关键

4.4　数字化战略落地的人才挑战

在数字化时代，在人才管理方面按照 IDG 的说法，全球百分之六七十

的企业都把数字化作为战略,像华为、腾讯都提出了数字化战略、数字化生存能力,那么,数字化战略、数字化生存能力要落地,面临的人力资源管理障碍是什么?

一是没有那么多的数字化人才,如何找到和培养能够支撑未来数字化战略所需要的人才。

二是如何把人力资源管理的数字化和企业业务的数字化结合在一起。

现在所面临的问题是人力资源管理软件并没有与业务、行为数据完全对接。数字化的核心是从信息化到业务活动数字化,再到数字化管理、数字化驱动,依据业务数据进行人与岗位、人与团队之间的精准配置,基于大数据进行决策及人力资源管理的运营。这是一项非常大的挑战。它包含人力资源管理本身的数字化如何支撑战略、业务数字化及企业的数字化转型,人力资源本身、人力资源部、人才的结构方面的挑战。

三是数字化、智能化以后如何处理人机关系问题,将是人力资源管理面临的一大挑战。现在还不能完全用机器替代人力,未来机器替代人力以后,可能越来越需要关注员工的心理管理、员工的工作场景体验,要考虑把员工的工作体验和客户的体验相连接。

头脑风暴

"HR三支柱"在中国企业的模式及设计理念

在充满不确定的时代,与其获得一两个能化解燃眉之急的答案,企业的管理者越来越倾向于长远思考答案的本质,从而让自己迎接更多未知的挑战。"HR三支柱"的本质是通过再造组织能力,让人力资源管理为组织创造价值增值、获得成果。西方"HR三支柱"模式帮助中国企业管理者、人力资源管理者厘清了三个基本关系:各部门管理者与人力资源管理的关系;"HR三

第 4 章　品质发展、数字时代提出人力资源新命题

支柱"与传统人力资源职能模块的关系；"HR 三支柱"间的协同互动关系。

然而"HR 三支柱"模式毕竟诞生于讲理性、重事实、轻关系、弱互惠的西方世界，在被引入具有相较于法、理更看重情感的文化背景的中国企业时出现了"水土不服"。中国标杆企业进行的"HR 三支柱"实践对中国特有的人情面子、关系信任、传统文化等因素进行了哪些考量？其创新背后共通的设计理念和逻辑又是什么呢？

一、"HR 三支柱"间的冲突：健康大混序

1."HR 三支柱"与职能模块的关系

人力资源专业职能管理一般分为"选、育、用、留、出"，或者分为工作分析、招聘、培训与开发、组织发展、绩效管理、薪酬福利、员工关系、退出管理等模块，这是根据人力资源管理开展工作的过程链条划分的。相比重视过程的职能化管理体系"HR 三支柱"模式更强调人力资源管理的成果与产出，即人力资源管理能为管理层、业务团队、基层员工带来哪些管理组织、管理人员上的支持。强调结果并不代表"HR 三支柱"模式推翻了人力资源管理的职能，而是把人力资源的各大职能作为方法和工具，更好地进行人力资源管理活动。

那么"HR 三支柱"模式与人力资源各职能模块的关系是什么样的呢？职能模块实际上被嵌入"HR 三支柱"模式的每一个支柱之中，即每一个支柱都从事与人力资源职能相关的招聘、培训与开发、绩效管理、薪酬福利、员工关系等工作，三个支柱在从事人力资源职能工作时的侧重点有所不同。以招聘为例，三个支柱都会涉及招聘职能的工作，但侧重不同。COE 要思考招聘的渠道与资源，规划员工规模，负责管理者的招聘、猎聘，思考雇主品牌建设等；HRBP 要基于对业务的了解、业务团队的人员构成，分析业务最需要的人才须

具备哪些素质、潜质，并组织某些层级业务人员的面试；SSC 使用 HRBP 提供的招聘关键词，进行简历搜索和评级。这样才能体现出人力资源管理的效率。

模块	COE	SSC	HRBP
招聘	人才盘点与人才规划；雇主品牌；招聘渠道与资源	内部招聘供应商（简历搜索、评级）；招聘信息系统；数据化人力资源管理	承接 COE 招聘政策；招聘、猎聘；了解、反映业务端用人需求
培训与开发	负责培训平台搭建，逐级培训、各专业族培训、领导力培训体系设计；导师制设计；职业发展体系设计	新员工培训；区域共性问题的针对性培训；COE 培训计划承接；培训、职业发展信息系统	承接 COE 培训计划；业务培训需求挖掘与培训实施
绩效管理	牵头组织 BSC 绩效管理；业内绩效管理最优实践研究；绩效评估方案	绩效评估信息系统	参与业务的 KPI 设定；绩效评估落地实施；定制化绩效评估方案设计
薪酬福利	薪酬调研；薪酬策略；员工固定薪酬与短期激励；长期激励；福利；向业务提供支持；处理 SSC 升级给 COE 的员工咨询	录入、计算薪酬数据；发薪；解答员工薪酬问询；窗口办事大厅；	业务定制化薪酬方案落地
员工关系	员工关系政策及 FAQ 制定；处理 SSC 升级给 COE 的员工咨询；入职、离职、异动流程管理；毕业生/实习生接收	员工关系答疑热线；窗口办事大厅；入职、离职、异动办理	承接 COE 的员工关系政策
组织发展	组织设计；干部管理（盘点、任免、评估、培养）；组织变革	对组织变动进行发文通告；在人事架构图中对变动进行修改	通过人才诊断，配合业务的组织变革
企业文化	组织氛围，各级沟通机制；内刊		承接 COE 文化政策，在业务内部进行沟通；宣传策划；内刊在业务部门的记者

"HR 三支柱"与职能模块的关系

第4章 品质发展、数字时代提出人力资源新命题

总体来看，COE属于人力资源专才，侧重各职能模块的政策制定与方案设计，对业务人员的人力资源方面的专业问询有最终解释权，对其他企业在人力资源各职能方面的优秀实践进行研究；SSC侧重各职能模块中的基础性、行政性工作，对各职能工作流程中的事务性环节进行处理，对人力资源职能活动中业务人员共性的工作进行整合、标准化处理。HRBP属于人力资源通才，侧重通过专业职能素养来发现业务中的管理问题，综合运用人力资源职能方法论和工具，为业务人员提供更适合的问题解决方案或设计更加合理的工作流程。

2."HR三支柱"：专业同质和目标一致的三套班子

"HR三支柱"中COE、HRBP、SSC各有一套完整的"选、育、用、留、出"模块，这会不会引起内部矛盾冲突，会不会带来工作的交叉和重叠？存在于"HR三支柱"中的这种"矛盾冲突"不属于内耗，而是一种健康大混序。

健康大混序带来的作用和好处是：首先，这三个支柱的专业背景同质，都受过与人力资源管理相关的专业训练，知识结构、培养发展的技能相似。其次，这三个支柱的目标是一致的，虽然各自的定位不同，COE基于战略、HRBP基于业务、SSC基于平台和服务，但他们对外都是人力资源管理，最终的目标都是为组织创造价值。最后，"混序"之后形成简单易行的方案。单从业务的价值链条来说，人力资源管理不是价值链，不产生价值。人力资源管理在业务的价值链中，对业务产生附加价值。产生的附加价值表现在他们不去扰乱和干扰业务端，而是把业务端存在的各种各样的复杂人力资源管理问题在"HR三支柱"内部消化，虽然这个过程中他们可能争执得不可开交、面红耳赤，但这三个支柱最终要得出一个结论，向业务端表达

的时候要用一个简单的输出，能够让业务端得到一个肯定的答复。这其实就是实行"人力资源三支柱"模式的一个好处。这种好处，只靠原来的"选、育、用、留、出"的一套做法是实现不了的。

二、"HR 三支柱"："协同问题"的救世主

1. 架构搭建：从对立到协同

为什么现在有些企业虽然实施了"HR 三支柱"，但最终失败了呢？通过调查我们发现，这些企业的某一个支柱没有建设好，甚至没有搭建，例如 SSC 做得很弱。这样就有两套人力资源班子在决策：一个代表战略价值的选择，另一个代表业务的策略选择。当他们站在各自视角给出建议时，若没有第三方介入，容易让问题变成"是与非""对与错"的两难选择，不利于决策的产生。

2. 组织流程：从割裂到协同

职能化人力资源管理各模块间缺乏协同，特别是流程上的协同。这将造成重复、多标准，无法从更宏观的视角看问题，各模块都不对最终结果负责，出现问题时相互指责等问题。"HR 三支柱"，三套班子分属职能流程的上、中、下游，并不断产生新的循环。"HR 三支柱"让外界感受到一个人力资源部，而非多个人力资源部。"HR 三支柱"打破了传统的按职能划分的人力资源部，面向业务端时就输出一个决策，这三个支柱都要对决策承担责任。一旦决策出现问题，可以很容易地从流程中找到问题所在，或谁的责任更大。

"HR 三支柱"的共享服务中心是组织协同的另一种表现，不同业务单元有共性的人事事务性工作，可以整合以提高效率，节约 HRBP、COE 的时间，让人力资源部从事更创造价值的工作。

第4章 品质发展、数字时代提出人力资源新命题

3. 人才与知识经验：从分散到协同

"HR三支柱"有利于组织中人才协同，共享知识和成功经验。这对于业务间的跨界创新起到支撑作用。"HR三支柱"模式下，HRBP更全面地了解业务，可以为业务提供所需的人才；人力资源部也可以将成功的组织活力诊断、组织变革等经验和知识沉淀，复制和推广到其他业务单元或部门。

三、中国企业"HR三支柱"模式

"HR三支柱"理论指出，COE要紧贴战略，制定政策；HRBP要以业务为中心，深耕业务需求，满足业务需求；SSC将分散在各部门的独立运作业务整体运作，以提高效率。"HR三支柱"在经历了二十几年的理论和实践探索后，观点逐步完善，模式逐步成型。

在大变革、大颠覆的时代，人力资源管理理念在变，内外部客户的需求在变。在这种背景下，如果人力资源管理被动地适应变化，未来前景令人担忧，只有主动求变，在变化中大胆升级，才能生存、发展、创造更大的价值。结合前沿的理论，与华为、腾讯、阿里等中国企业在"HR三支柱"方面的实践探索，我们提出中国企业"HR三支柱"模式。

1. 中国企业"HR三支柱"模式的构成

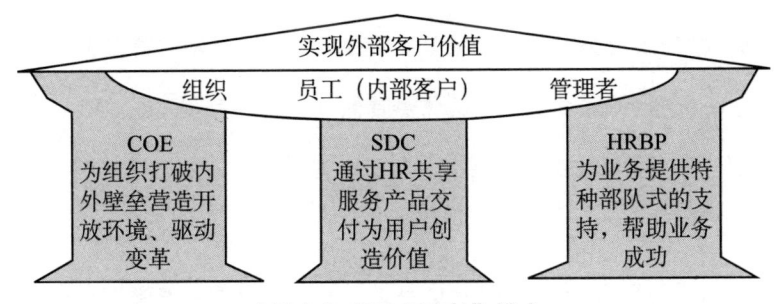

```
                  实现外部客户价值
        组织        员工（内部客户）        管理者
       ┌────┐      ┌────────┐         ┌────────┐
       │COE │      │  SDC   │         │ HRBP   │
       │为组织│      │通过HR共享│       │为业务提供特│
       │打破内│      │服务产品交│       │种部队式的支│
       │外壁垒│      │付为用户创│       │持，帮助业务│
       │营造开│      │造价值   │       │成功     │
       │放环境│      │        │         │        │
       │、驱动│      │        │         │        │
       │变革 │      │        │         │        │
       └────┘      └────────┘         └────────┘
```

中国企业"HR三支柱"模式

从整体来看，中国企业"HR三支柱"模式是一个房屋："实现客户价值"做房顶，"HR三支柱"做房屋的三根顶梁柱，平台化的SDC托起另外两个支柱作为房屋的底盘。人力资源服务的对象——组织、员工、管理者作为房屋的房梁。"HR三支柱"不断与服务对象达成共识，让体系结构更加稳固。

分别看HR三支柱，COE创造战略价值，是人力资源部的战略指挥部，为组织打破内外壁垒、营造开放的环境、驱动组织变革；HRBP创造业务价值，是深入业务的特种部队，帮助业务成功；SDC创造平台价值，是配置作战资源的"后方"，通过人力资源部共享服务、产品交付，为用户创造价值。

"HR三支柱"间存在如下互动关系。

（1）COE与SDC：COE作为战略指挥部，在SDC的工作中起着引领、指导的作用。SDC要以COE制定的战略、制度、政策为依据和准则，将COE的具体工作通过系统化、流程化、精细化的操作落实和细化。同时，SDC还要积极向COE反馈在操作中遇到的问题，协助提高人力资源管理制度的科学性和准确性，提高人力资源管理的效率。

（2）COE与HRBP：HRBP是COE制定的公司战略落实到员工（内部客户）的重要中介。COE根据员工（内部客户）制定出人力资源管理制度后，HRBP需根据业务部门的特点对其进行本地化处理，使其更符合该业务部门的情况，促进员工对政策方针的认同和理解。同时，HRBP也需要向COE积极反馈业务部门的需求，帮助COE制定更符合业务部门个性化需求的战略和政策。

（3）HRBP与SDC：HRBP作为深入业务部门的特种部队，需要与业务部门进行人力资源需求管理、员工沟通，以发现最本质的问题，并且提

第4章 品质发展、数字时代提出人力资源新命题

出一个符合业务部门需求的解决方案。而SDC需要做的就是通过信息化技术、资源信息平台为这些解决方案提供技术支持，最终给各个部门交付产品化的服务，满足其需求。

COE、HRBP和SDC构成了资源流动、行为互动、有一定制度规范及联结关系的企业内部网络，COE、HRBP和SDC是该网络中的三个关键节点。西方的"HR三支柱"理论和实践中，"HR三支柱"重视信息资源的流动，互动频率较小，互惠程度较低，即西方"HR三支柱"整体呈现弱联系。组织网络权威专家格兰诺维特指出，弱联系让各节点之间的差异大增，资源多元化程度提高，信息更为丰富。这种策略在西方讲理性、重事实的工作环境中具有优势。

在中国重视人际关系的文化背景下，中国企业导入西方讲理性、重事实、轻关系和互惠的弱联系"HR三支柱"理论，容易出现水土不服。相比弱联系"HR三支柱理论"，强联系"HR三支柱理论"除重视信息资源的获取外，还重视人情资源的获取以及复杂信息的传递。上图所示的模型体现了"HR三支柱"之间的相互联系。强联系模式让中国企业的"HR三支柱"间信任感增强，使"HR三支柱"间能够以更低的成本实现资源流动。

从信息传递的角度来看，西方的"HR三支柱"理论将三个节点等同对待，"HR三支柱"各自为中心获取、传递数据，从而使中心具有数据优势，成为其他节点之间联系的桥梁、枢纽。笔者认为，作为人力资源数据的产生、维护和分析者，SDC适合作为信息的中心节点；随着数据规模增大，SDC能成为"HR三支柱"的大数据平台，起到支撑COE、HRBP的作用（见第75页图）。同时，由于对数据高度敏感，SDC还能从数据中提炼价值与趋势，让人力资源管理工作创造价值。

2. 中国企业如何升级传统的"HR 三支柱"

中国企业"HR 三支柱"模式的升级体现在以下几个方面。

第一，视角扩展：原来的"HR 三支柱"模式仅从组织内部视角强调三个 HR 支柱的组织架构，而中国企业"HR 三支柱"不仅从组织内部进行探究，还从人与环境的视角，强调"HR 三支柱"与技术、组织变革、人才的互动关系。全新视角的扩展，促进了中国企业"HR 三支柱"的突破与创新，为企业组织架构的变革注入了新的活力。

第二，平台支撑：从 SSC 升级为 SDC。传统的 SSC 仅仅是将企业各业务单元中所有与人力资源有关的行政事务性工作集中起来，建立一个服务中心。而 SDC 最突出的特点之一是强调平台化。这里所说的"平台化"不仅指信息技术的发展提高了 SDC 的产品属性、用户属性、娱乐属性，还强调 SDC 对另外两个支柱的大数据决策的支撑作用，让 COE、HRBP 都接入平台，更好地服务于整个公司的价值创造。

第三，对象清晰：原来的"HR 三支柱"模式存在服务对象模糊的问题，这导致了"HR 三支柱"难以发挥其应有的作用。而中国企业在实践探索中更加明确了"HR 三支柱"服务的对象包括组织、人才（管理者和员工）、业务。

第四，文化内涵：中国企业"HR 三支柱"的房屋模型融入了中国传统"家"文化的思想精髓。"家"对中国人有着特殊的意义，从家庭到家族，到国家，到家天下，中国人以"家"为纽带，安身立命、构建社会、管理国家、治理天下，"家"的文化世代传承。时至今日，"家"已不再局限于传统意义上由血缘关系构建起来的家庭，"家"的观念已融入企业管理中。中国企业"HR 三支柱"中的"家"文化表现在三个支柱之间相互支持、协

第4章　品质发展、数字时代提出人力资源新命题

同发展，共同构建一个坚不可摧的组织大厦。房屋模型强调了"HR三支柱"的整体性：三个支柱不是完全独立的分离状态，它们之间既有偏重性地对接组织中的不同层面，同时又相互支持，共同支撑起整个组织大厦，少了任何一个支柱，整个房屋都可能面临崩塌的危险。

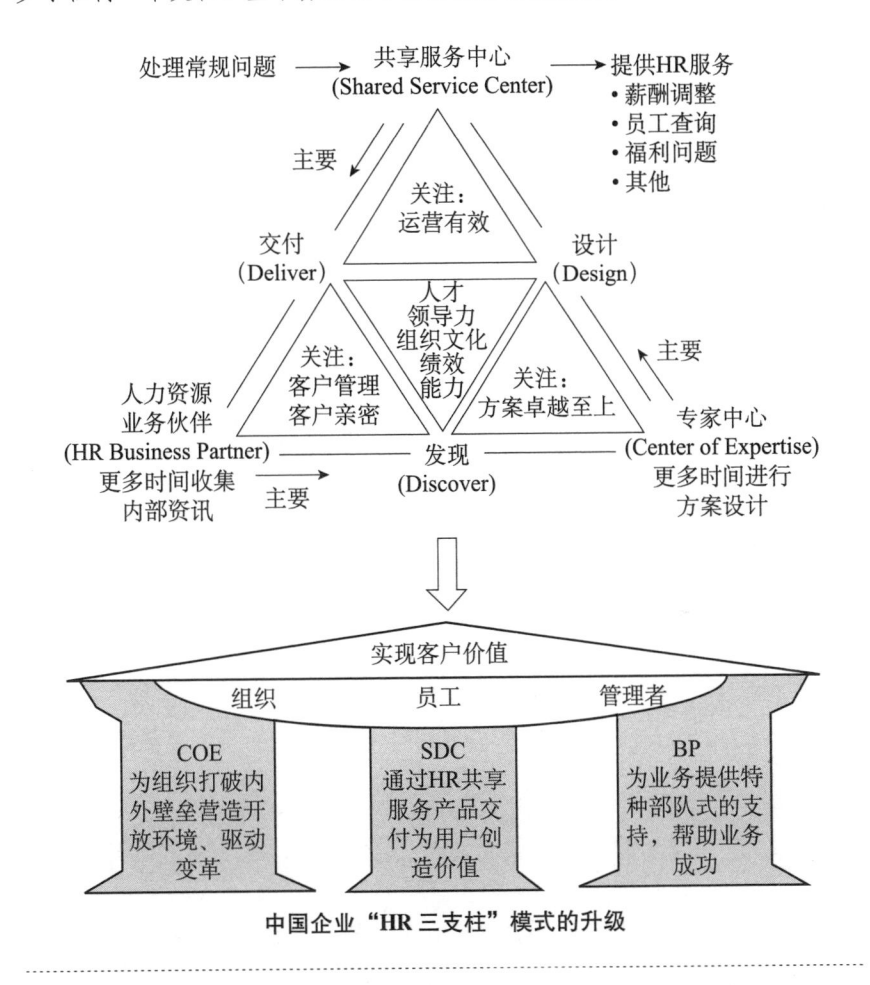

中国企业"HR三支柱"模式的升级

头脑风暴

数字化人力资源管理新思维

企业要在以下十个方面确立人力资源数字化管理新思维，以与企业的

数字化战略与数字化业务增长相契合,从而为企业数字化转型与变革提供有力的人才支撑。

一是构建数字化的人性与需求思维。未来,人才特征与人的需求都可以通过数字化来得到精准表达、呈现与画像,人与组织、人与岗位、人与人的协同合作可实现个性化、精准化、敏捷化、动态化的匹配。

二是要确立数字化的人才供应链思维。整个企业的人力资源管理要和企业的战略和业务去对接。因为企业的战略和业务都与数字化有关,所以,人力资源管理的人才供应链也要契合企业的数字化战略和业务发展需要,建立企业战略、业务数字化与人才数字化的连接和交付。

三是要具备数字化能力发展思维。管理者要有数字化经营与管理意识,能描绘数字化人才能力发展地图,建立数字化知识体系与任职资格、数字化应用与工作技能、数字化沟通与协同能力、人才数字化信用价值与数字化伦理道德约束。

四是要确立数字化领导力。在数字化时代,企业需要的是愿景与赋能型领导。大家可以看到,在韩都衣舍的组织结构中,中层管理者基本消亡,员工在组织内部做什么、达到什么样的要求,不再靠领导来指挥、命令、控制,而是靠数据,而领导者的职能是愿景牵引与赋能。

五是要打造数字化的人力资源平台与基于大数据的人才决策体系。传统的人力资源管理职能或将消失,通过集成化数据平台,实现分布式精准人才配置;构建基于大数据的人才决策机制与系统。

六是人才价值创造过程与成果全部都数字化衡量、数字化表达、数字化呈现。除少量创新性工作外,大量的工作将被数字化,人的价值创造过程及成果可以精确计算到每一流程节点、每一分钟;人才的协同合作价值

第4章　品质发展、数字时代提出人力资源新命题

可积分,可以虚拟货币交易。

七是数字化工作任务与数字化人才团队建设:消费者需求数字化形成工作任务数字化,工作任务数字化形成人才数字化需求与组合,再形成数字化合作团队,于是工作任务管理成为人力资源管理的核心内容。

八是组织与人的关系的数字化:人与岗位间数字化动态匹配,人与人沟通与协同的数字化,组织雇佣关系与合伙关系的数字化连接;半契约与非雇佣合作员工的工作任务数字化连接与交付。

九是构建数字化的工作场景体验与数字化的员工激励。企业的很多激励可能变成了积分,人的价值创造报酬可能变成了一种基于人才区块链的内部虚拟货币与内部任务市场化价值的交换。

十是构建模块化、组合化、插件化的赋能型人力资源专业职能,随时依据工作任务的组合、团队的灵活组合,来提供能为员工赋能的专业化职责和服务。

第 5 章
转型升级难题与员工代际挑战并行

> 未来,和代际问题同时发生的,是知识型员工、高技能人才真正成为企业价值创造的主体。企业家、创业家人才是未来不可替代的人才;技术创业者、专业人才,都是未来不可替代的人才。这些可能要求重新定义人才。未来企业的人才将是三种人:人物、牛人、能人。
>
> ——彭剑锋
>
> 未来企业的核心竞争力是通过平台把最有技能的人、最专业的人组合在一起,为他们提供机会及事业平台,支撑他们创造出最好的产品和实现个人价值。
>
> ——张建国

5.1 传统企业转型升级中的组织和人力资源挑战

1. 组织变革的挑战:从科层制到扁平化、平台化

关于组织变革的挑战,这几年大家谈了很多,简单地说是传统科层制

第 5 章　转型升级难题与员工代际挑战并行

的组织结构已经不适应互联网的需求。互联网、大数据、智能化等技术完全可以使组织扁平化,完全可以真正打通传统企业内部的产销环节,实现一体化的运营。

这几年,一些企业在转型升级过程中作了很多探索,比如在外部,对客户敞开,压缩科层制,实行扁平化,使整个组织变成一个网状的结构,从过去的串联到现在串联和并联交织在一起,这种组织结构能与消费者紧密联系到一起,因为它的每一个节点都能直接触摸到消费者的需求;在内部,尝试从部门化走向项目化,总部和下面各个项目组直接打通。像美国的军队改革一样,把过去的师、旅、团统统取消掉,直接由总指挥部指挥作战小组。这种组织基本是项目化的组织。

在组织方式创新方面,笔者比较赞成美的这两年所进行的变革,它的组织变革是以经营为导向的,以释放组织活力、提升组织的价值创造能力为核心。把它的变革称为经营型组织变革。另有一种组织变革叫管理型组织变革:很多企业的组织变革是为管理、为管控而变革,其变革并不指向客户价值和市场价值以及企业的经营活力。这种组织变革会产生内耗。

另外,就传统企业进行智能互联产品升级来讲,组织变革最核心的是要创新部门的协同方式,要基于大数据和云计算进行内部的自动协同。这时候,组织就会产生新的职能部门。依据专家的预测,未来有三个部门将成为企业的核心部门。

第一个是大数据管理部门,现在很多企业都在运用,尤其在人力资源方面,很多企业建设了人力资源公共服务平台。人力资源公共服务平台最核心的作用在于通过对大数据进行分析,挖掘人力资源的服务价值,以及依据大数据作人力资源管理决策。

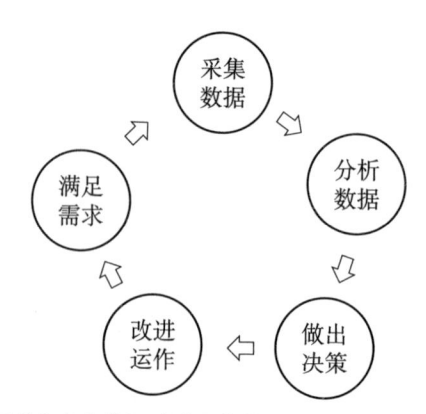

大数据成为人力资源改进和优化流程，科学决策的依据

第二个是研发部门。现在很多跨国企业的研发部门更名为研发运营部，这说明，研发不再是脱离市场的了，把IT、研发、制造要整合起来。

第三个是客户成就管理部。这实际上是要把营销、销售、服务与支持整合到一起。为什么不叫客户管理部？因为企业的产品、服务一定要为客户创造价值，对于B2B企业来讲，它更强调企业的成功在于成就客户。

总的来说，传统产业在互联网转型的过程中要完成组织变革、组织的进化，而这种变革、进化并不是说要把一切都推倒重来，而是要基于互联网的平台、基于大数据、基于云计算，对传统企业内部的职能进行改造，运用互联网思维对传统业务进行整合与经营型组织变革。如美的提出：一个美的，一个平台，一个大数据系统，一切以用户为中心。张瑞敏提出"三化"的思路，即企业平台化、用户个性化、员工创客化。这些都是传统企业在互联网转型过程中的一种探索。

2. 新雇佣关系与新的公司治理

在这么一个时代，人力资本的价值变得越来越重要，企业不再采单一的雇佣制，而是采相互雇佣、自我雇佣的合伙制。这是一个人力资源价值主导的时代：人力资本不仅要分享企业利润，而且要求在企业的经营决策方面有更大的话语权。美国的资本市场上有一种创新叫同股不同权，就是说在利润分配上，货币资本具有优先分配权，但在企业的经营决策上，人力资本有优先权。在国内，美的的事业合伙人制、华为的基于虚拟受限股的利润分享制，等等，是公司治理比较有代表性的革命性的变化。

3. 组织与人的关系的改变

过去是人依附于组织，现在是组织服务于人；过去关注人现实的能力，未来要关注人发展的潜力；过去叫组织驱动，现在叫自我驱动。海尔提出来：人是目的，不是工具，要改变过去人是工具的状态。

4. 文化的传承与创新

未来企业必然面临不同工作方式、不同文化背景的员工的融合。未来员工可以全球化，但是文化不会全球化，所以企业一定要有统一的文化价值观。传统企业需要走出自己的文化惯性，重新审视过去的成功文化，不断地给企业文化注入新基因、新活力，增强文化的变通力、包容性和适应性；告别过去单一、固化的文化状态，形成一种基于主流文化的混合式文化。

5.2 代际挑战与人才新定义：人物、牛人、能人

对话

1. 追求自我价值的"90后"

张建国： 人力资源管理还面临的一个问题，就是新生代员工的管理。"90后"全面步入职场，的确带来一些新现象、新问题。管理界有两种观点比较有代表性：一种观点认为"90后"是迷失的一代，他们比较随性，责

任感不强；另一种观点认为"90后"懂得选择，知道自己要什么，按自己的兴趣和价值观来择业和生活，他们是追求个性的一代，而不是迷失的一代。我认为"90后"是追求自我价值的一代，以自我价值为核心的一代。

彭剑锋："90后"大部分人虽然没有实现财富自由，但是注重自我感受、追求自我价值，这打乱了马斯洛五大需求金字塔的层次，即他们不是先追求满足生存和物质需求再追求自我价值，而是同时追求两者，而且有部分人由于没有生存之忧而更为注重自我感受。他们并不迷茫。恰恰"60后""70后"才属于迷茫的一代。

当然，还有一种观点认为：真正的代际是不存在的，按照历史长河来看代际是没有的，但是每个时代的人有每个时代的特点。这种观点认为没有代际，"90后"到了60岁与"60后"到60岁是一样的，只是时间的问题。而我们现在说存在代际差异只是因为我们在以"60后"的眼光看"90后"。

张建国：从人性的角度来讲，代际不应该成为问题，但是在中国改革开放40年来的剧烈变化中，代际的变化就比较鲜明，成了一个问题。这是时代造成的。

彭剑锋：的确，所以代际差异还是存在的。从职场来看，相比前几代人，出生和成长于中国富起来的时代的"90后"，绝大多数都是独生子女，其中一部分人由于父辈积累了一定的财富而从小衣食无忧，这使他们对生存、对未来没有那么多不安，没有那么多负担，所以他们显得更随性，更注重自我感受，更追求自我价值。

代际问题给管理提出来的挑战表现在：一是认识和思维的转变，要真正建立"员工就是客户"的思维——以人才为中心，人才是客户，经营人

第5章 转型升级难题与员工代际挑战并行

才就是经营客户。要像关心客户一样去关心人才，真正把握人才的需求，甚至超越人才的需求。要从人才的视角思考问题，真正站在人才的角度来看问题。通过这种客户思维，满足不同人才的不同层次的需求，并在管理层面和工作机制设计层面，通过构建一些正向的激励规则，让员工真正地由外在驱动转成内在驱动。

二是要创新管理的机制、方法、工具等，比如全面认可激励机制，工作的场景化、游戏化、娱乐化等。这要求人力资源管理者要有设计师思维，要构建一个符合"90后"需求的开放、多维、自由，能够激活人才、让人才感觉如鱼得水的能量场。

2. 从对企业忠诚到对专业、职业忠诚

彭剑锋：从代际问题中要看到，整个社会的文化价值取向的确发生了变化：给人带来了全新的变化，人与人之间的交往和沟通方式不一样了，劳动组织方式也在发生变化，故企业对人才的使用和管理需要全新的思维，比如只要能完成工作，是不是企业的人不重要，有无归属感也不重要。过去是对企业忠诚，现在是对职业忠诚。这种变化使未来人才的价值定义也要发生变化：谁做得最专业、职业素养最高，谁就能实现人力资本最大化。不专业的人在社会网络体系中没有生存的地位。

张建国：所谓的专业是指效率最高、质量最好、成本最低。

彭剑锋：做事执著、认真，有工匠精神，能把一项服务、一款产品做到极致，这种人才在未来会实现价值最大化。

张建国：专业化是一种核心竞争力，因为别人不易模仿。未来企业的核心竞争力是通过平台把最有技能的人、最专业的人组合在一起，为他们提供机会及事业平台，支撑他们创造出最好的产品和实现个人价值。

3. 人物、牛人、能人涌现要求企业进行思维革命

彭剑锋： 和代际问题同时发生的，未来很大的变化是知识型员工、高技能人才真正成为企业价值创造的主体。企业家、创业家人才是未来不可替代的人才；技术创业者、专业人才，也是未来不可替代的人才。

这些可能要求重新定义人才，我最近提出三种人才：人物、牛人、能人。

第一是人物，能做企业家、创业者和领军人才；第二是牛人，如技术大咖，能解决问题；第三是能人，具有把事情做到位、创造高绩效的匠心和能力。

人物、牛人、能人这三种人才将来会成为企业的主体，组织面对这三种人才时，肯定不能再与其建立单一的雇佣关系，而应建立合作伙伴关系，相互赋能。由此，过去以劳动契约为核心的人力资源管理体系，将会转变为以心理契约为核心的人力资源管理体系：认同对方的价值观和事业平台就进行事业合伙，不愿意合作就自己单干。这一方面体现了个体的能量、个体的价值可以放大，另一方面体现了平台的价值就是放大个体的价值。

张建国： 对顶尖人才的管理一定是建立合伙关系，相互赋能，相互连接、交互，产生价值。因为这些人才都具有个性，企业不可能采用洗脑的方式，他们是不会接受的，企业要尊重他们，让他们有成就感。

彭剑锋： 人力资源管理也将更加强调自动自发、自我驱动和尊重，整个人才机制发生了变化。我一直说，这个时代是量子理论的时代，按照量子理论来看，人性是复合式的，它不是二元对立、善恶分明的，仍然采用黑白思维、二元对立思维来做人的管理是没有未来的。

这个社会的发展也要求采生态思维和命运共同体思维：合作共赢，你

第 5 章 转型升级难题与员工代际挑战并行

中有我，我中有你；交互合作，分享利益。这就要求企业所有者、管理者进行认知革命和思维重构，没有认知革命、没有思维重构，就不可能有真正的管理变革创新。所谓认知革命就是今天对人性的认知、对需求的认知、对激励的认知、对人类管理的认知要发生革命性的变化，企业管理者首先要改变自己的认知和思维定式，要从连续性思维发展到非连续性的量子思维、共生的生态思维、"态叠加"思维等新思维。

管理实践

苏宁互联网转型中脱胎换骨的组织变革

1. 人才机制创新

企业转型变革中最深层的、最关键的还是人的变革，包括思想观念的变革、人才机制创新等。在转型战略牵引下，苏宁在人力资源管理上进行了很多创新探索。苏宁提出，在人才多元化的同时，也不能放弃专业化的基本原则，企业的团队要从过去"陆军的单一作战"，变成"陆海空的联合作战"。

围绕着"陆海空的联合作战"队伍的建设，苏宁的人力资源部门这些年做了很多工作，最突出的是提出来"三个反对"：反对职业经理人，反对打工仔，反对以人为本。反对职业经理人，要事业合伙人；反对打工仔，要企业接班人；反对打工心态，要做"敬业、专业、事业"的新人才，人人创业，苏宁为员工提供事业平台；反对空泛的以人为本，养懒人、闲人，要以"能过思想关、能力关和绩效关者"为本。这就要求每个苏宁人要从"任务驱动"向"事业驱动"转变。

在事业合伙人理念的指引下，苏宁在2014年和2015年连续实行了两次员工持股计划，也是苏宁历史上的第二、三次股权激励计划。第一次股权激励计划是在2008年实行的。苏宁的员工持股计划将苏宁股份持有者从高层扩展到中高层、核心骨干、老员工，使持股员工范围扩大、持股力度逐步加大，真正实现"让员工和企业共同成长，共同创造价值，而且要享有价值的改变，这是永不能变的"。

此外，在过去几年，为充分鼓励创新，苏宁集团在组织上不断变革，建立了创新型组织、创业型团队，使集团上下小团队作战，微创新不断涌现，从组织和管理层面有效支撑了苏宁集团的转型发展。

苏宁的18万员工，大致被分为三类，集团据此设计了分层次的差异化管理目标。第一类是核心的经营管理干部。经过多年在苏宁集团的个人发展，以及苏宁集团股权制度的安排，这部分干部与苏宁集团建立了休戚与共的长远发展关系，成为苏宁集团的创业者团队。第二类是专业人才和技术人员。他们是科技苏宁、多元苏宁发展的重要力量。对于这些专业人才，苏宁鼓励大家立足企业平台进行个人创业，形式不拘，可以是项目买断、团队包干的方式，也可以由企业和个人共同投资进行产品服务公司化。第三类是大量的店面、物流和售后员工。对于这些基础作业人员，苏宁提出，也要发挥他们个人的主观能动性，让他们分享企业成功发展的成果，"创一方苏宁的发展、守一份自己的事业"。

苏宁的人力资源管理机制创新的特点是：始终坚持一手抓文化建设、一手抓队伍建设。一方面强调要坚守"制度重于权力，同事重于亲朋，倡导家庭式氛围"的苏宁文化，另一方面强调文化也要与时俱进，要依据时代变化、企业的使命追求，以及战略布局，打造既讲开放包容又讲凝聚力、战斗力的新型企业文化。

2."伤筋动骨"的组织大变革

苏宁组织变革的方向，就是改变过去以流程驱动的大事业部制，要把

第 5 章 转型升级难题与员工代际挑战并行

它转向以用户需求为导向、目标驱动的小团队作战。这也就是我们常说的,把大企业做小,既要有大企业的资源配置优势,也要有小企业的灵活敏捷。

过去连锁模式下的苏宁,基本上是一个大一统的模式,就像一列火车,一个车头带着几十节车厢跑。而现在苏宁变成了一个联合舰队:组建了零售、物流、金融三大集群,在三大集群下面又有二三十个事业部,在二三十个事业部的管辖下,全国从细分品类到大区、到城市、到店面,组建了四千多个小团队,所有的经营工作都是由这四千多个独立运作的小团队来做。而财务、人事、品牌、法务这些专业部门成为资源共享平台。

从"一列车"到一个"联合舰队",要对组织进行改变,要让大企业增强灵活性,但也绝对不能把大企业拆分掉,从一个企业变成几千个企业,这样就失掉了大企业的资源优势和规模优势。苏宁既要支撑体系中的小团队作战,在经营端要实现组织碎片化,又要在管理方面保持强大的整合和统一。苏宁所进行的组织变革可以概括为"收放结合"。

一是"收":苏宁在组织架构上做了几次"大手术",把企业"打碎了重新拼",对原来的28个事业部进行大规模的合并重组,将连锁平台经营总部和电子商务经营部合并,成立运营总部,将线上线下两大平台的运营和市场营销职能合二为一。随着"电子商务经营总部"被撤销,"苏宁易购"的组织边界被打破了,PC端、门店、移动端和TV端都统称为苏宁易购。可见,苏宁慢慢内化为一家比互联网公司还互联网化的公司。

二是"放":简政放权,组织扁平化改革。苏宁提出了组织体系变革的八个任务:简政放权、组织扁平化、垂直管理、强化目标绩效管理、经营专业化、事业部公司化、项目制、小团队作战。2015年,经过暴风骤雨般的改革,经过强力推动简政放权和组织扁平化,在3个月内,六百多个流程

经营者思维——赢在战略人力资源管理

被苏宁砍掉了。人事权下放，财政、决策下沉。伴随改革的是一场从"要我干"到"我要干"的思想大转变：以前由总部协同部门把资源调度好，各部门负责执行，而现在每个事业部的老总和大区的老总，都成了独立运作公司的老板，要学会自我定位、自定目标、自下任务、自负全责。

这无疑是一场"让大象学会跳舞"的艰巨挑战，但苏宁的业绩说明，在这个挑战面前，大部分人是过了这一关的。

管理实践

支撑小米商业成功的组织与人才机制

小米自2010年成立到2018年，正好八年。雷军及小米人用八年的时间便成就了一家世界级企业。小米从零做到2018年销售收入超过1 800亿元，创造了中国企业成长的奇迹。这种成长速度不仅在中国企业发展史上，甚至在全球企业的发展史上也是独一无二的。小米为什么如此成功？小米的成长奇迹靠的是什么？

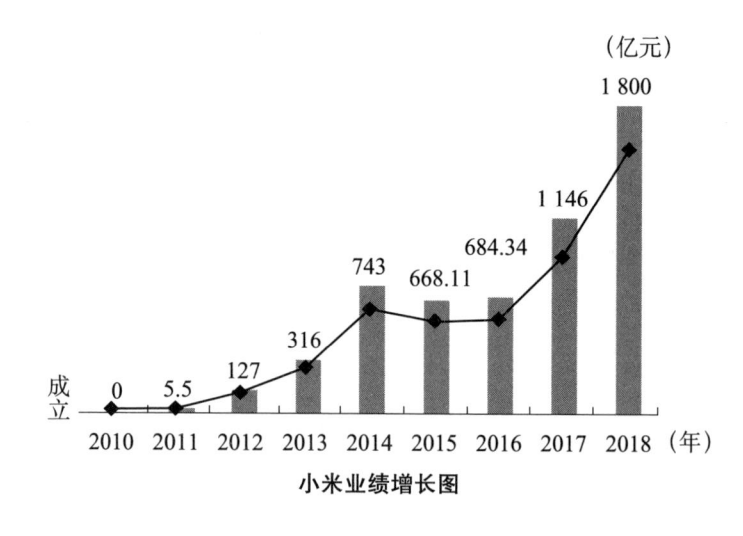

小米业绩增长图（亿元）：

年份	2010	2011	2012	2013	2014	2015	2016	2017	2018
业绩	成立（0）	5.5	127	316	743	668.11	684.34	1 146	1 800

虽然由于这8年都在高速发展中，小米自己并没有进行很系统的总结，

第5章 转型升级难题与员工代际挑战并行

它的很多战略思维、很多做法，也是在创新实践的过程中逐步清晰起来的，但我看到的是：在小米的战略背后，支撑小米成功的组织和人才机制是很清晰的。这是成功企业的一个共性。它的业务战略、商业模式可能在不断探索中，但是企业的"魂"，企业的文化和人才机制，是清醒和坚定的。我归纳总结出小米有以下几方面的组织与人才机制创新特色。

1. 极简化、赋能式管理与自驱动信任文化

（1）管理扁平、简单，一切以客户和效率为中心。

整个小米在组织上基本上就三层结构：与客户零距离的合伙人＋部门＋员工。各个合伙人各管一摊，总部没有庞大的专业管控体系和官僚机构。这完全是互联网＋扁平化的组织。有学者总结小米是"经营先于管理"，但是客观来讲，小米发展到今天，它恰恰要重构一套专业化的人力资源管理体系，恰恰要强化组织建设、干部队伍建设。合伙人各管一摊，实际上也就是各个诸侯、各个山头。现在山头都大了，山头与山头之间不连接、不协同，怎么办？就让这些人退回到董事会去，让年轻人上来，然后重建这套组织体系、管理体系，进行系统管理创新。

（2）去威权、去等级的平等关系，上下互为伙伴并相互赋能。

早年小米的活力来自去威权、去等级的平等关系：企业内部没什么"总"，都叫哥，如军哥、德哥、斌哥……小米的企业文化非常简单，是一种互联网文化：每一位同事都是自己的伙伴，每个人追求伙伴式工作氛围和创意，都特别讨厌冗长的会议和流程。

（3）不打卡、不设KPI，强调责任感。小米从来没有实行打卡制度，而且也没有施行全公司范围内的KPI考核制度；强调员工的责任感和自我驱动，强调员工自动自发工作。

2. 以用户价值为核心的高性价比产品力与高忠诚度的粉丝人力资本价值创造力

小米的成功，本质上源于以用户价值为核心的高性价比产品力与高忠诚度的粉丝人力资本价值创造力。企业要赢得客户的信赖与忠诚，最终还是靠好的产品与服务。只要致力于以用户需求为核心，为用户提供高品质、高颜值、高性价比的产品，企业就会远离失败。此外，小米还培育和激活了一批高忠诚度的粉丝。现在小米不光有巨量"粉丝"，还有"铁杆粉丝"。粉丝成为小米人力资本很重要的组成部分，变成产品的创意、产品的改进、口碑的传播以及市场推广很重要的力量。

（1）老板是产品家，追求性价比。从创办小米开始，雷军就提出要追求性价比。老板偏爱产品，是产品家，企业的产品自然差不了。对一个企业来说服务很重要，但是更重要的是产品。

（2）先有用户需求，再有产品。传统企业是采先生产再销售的生产组织方式，而小米是采用户需求先于产品、消费者导向型的方式。

（3）产品与市场是并行同步的。产品与市场不是先有研发再有生产，而是产品、市场、生产同步进行。在产品设计过程中，市场那边就同步在了解客户需求，让客户参与产品设计过程；产品还没有生产出来，市场就开始在卖，甚至先卖再生产。

（4）产品简单、极致、颜值高、高性价比。大家可以看到，小米的产品，种类不是非常多，其外观设计、产品设计基本上都差不多——简单极致、颜值高，而且价格公道，所以每一款产品可能都是下一个爆品。

（5）粉丝口碑、粉丝参与、群众运动，粉丝创造品牌价值。中国人有从众心理，容易相互影响，所以，"群众运动"是很重要的一种市场营销手

第5章 转型升级难题与员工代际挑战并行

段。小米利用互联网，由粉丝创造品牌价值，一批粉丝帮小米传播、创造品牌价值。这是小米做得非常到位的地方。

3. 平台化赋能型组织与开放的IoT分享平台

（1）扁平化、平台化、动态化、自组织化、共生化。小米现在做到位的是什么？是IoT分享平台，也就是开放式的物联网分享平台。没有做到位的是什么？是平台化的赋能型组织，即内部的组织管理能力、赋能能力不足。对此，小米现在已经有所认识并正在强化。

（2）IoT分享平台为生态参与者赋能，为智能硬件赋能。现在这些小的生态主加入小米的生态，可能会提出两个问题：第一，小米怎么保证赚钱？第二，小米怎么进行管理？其实很简单，小生态主参与小米的生态平台，首先小米给小生态主做产品定义、研发、供应链、销售、品牌推广、渠道，下一步是做人才发展和投资。小生态主在这个平台上，可以获得很多资源。作为一个创业者，只要有好产品，借助小米这个平台，借助小米的供应链，借助小米的各种ID（创业公司要拿那么多许可证太难），借助小米的销售渠道、人才发展、投资……就获得了赋能，分享了整体效率和总成本领先。

小米对小生态主，虽可能只占5%、10%、20%的股权，但能把小生态主绑定在小米的生态链平台上。为什么？因为从产品设计到研发到供应链到销售渠道到投资，所有小生态主都要按照平台的要求和标准去做，在某种意义上小生态主就是一个分布式自主经营体。这有点类似于温氏。温氏的56 000个家庭农场，都不是温氏自己投资的，但是从种禽到饲料到标准化生产，一直到销售，全部在温氏的产业链数字化平台上完成。这类平台让的是养殖生产车间的利，赚的是整个产业链的钱。有人要问：为什么这类平台不让股权占50%的人控股？原因很简单：这类平台要的是小生态主连接过来。这类平台可以股权只占1％，99％的资本是小生态主投资的，小生态主把所有的资本、能力全部整合到平台，条件是从产品定义到研发到供应链到销售渠道，统统都在这类平台。这样，这类平台下属的企业就实现了轻资产重管理。

（3）全体系平台能力分享。现在很多企业，内部的产品线、业务线，还没做到小米的程度。小米的生态管理把研发、供应链、销售、人才发展、投资等统合在一起，使企业的生态整体竞争力很高。另外，全体系平台的能力分享、开放控制中心的接入、新零售的分享、全球供应链能力的分享、人才的发展、团队基金、人才能力发展基金、合伙基金等，实际上是在全球整合资源，让全球人才、资金资源为小米所用。

4. 自我驱动的高能人才激活与事业合伙机制

（1）选高意愿、高潜质、高绩效的人才。雷军认为，CEO要做好三件事——找人、找钱、定战略。这和柳传志的"定战略、搭班子、带队伍"稍有不同。从创业开始，雷军就在找一批高意愿、高潜质、高绩效的人才，而且这批人都是追求事业的：公司成立前，雷军花至少80％的时间找人，最后建立了小米的8人核心团队。公司成立以后，雷军每天都要花费一半的时间来招募人才，公司的前一百名员工入职时雷军都亲自见面并沟通。

一个企业最重要的是要明确在当前发展阶段需要什么人才。雷军的用人标准是：第一，有创业精神。这样的人，不是为了眼前的工资，而是为了股权，愿意为未来吃苦。第二，专业领域最牛。这样的人，不管是来自管理领域还是来自技术创新领域，一定是专业领域最牛的。第三，学习能力超强。这种人潜质很好，学习能力很强，一点就通。这叫高潜质学习型人才。第四，敢于挑战自己。其实雷军他们八个人就是敢于挑战自己、挑

第 5 章　转型升级难题与员工代际挑战并行

战人生的人才。这样的人，才是能够真正志同道合地去打江山的人。

雷军的用人哲学是人一定要少而精。他认为：少就是多，一定要专注。一定不要雇很多人，雇一个人都需要精挑细选，用最聪明的人来简化流程。创业型公司一定要人少，要一个人顶两个人用，如果养一大堆人，就会有1/3的人是闲人和干不成事的人。

（2）选最聪明、最能干的人才。在雷军看来，最聪明的人才，成本是最低的。他说：我们要找到最聪明的人，最好的办法就是到处请教、到处聊天，知道某某是这个领域的牛人，就把名单记录下来，一旦记了二三十个人，就开始挨个请名单上的人吃饭。

为了找到一个非常出色的工程师，他曾经连续打了九十多个电话，然后让合伙人轮流去找人家，找到人家不好意思拒绝。这一点和三星的李健熙是一样的。李健熙当年为了挖顶尖的设计人才、技术创新人才以及质量管理人才，到全世界去聊天，锁定相关行业里最厉害的团队，一旦名单定下来，亲自约他们吃饭，并给出国际市场价3~5倍的价格，没一个人拒绝。李健熙研究过，在待遇高出市场价一倍以内时，企业文化起作用；如果待遇高出市场价3~5倍，企业文化基本上不起作用。所以，李健熙就这样去挖全球最顶尖的人才，他认为一个天才相当于20万人。

（3）通过事业合伙机制在全球整合人才。小米的人才机制是基于分享逻辑的能人机制。小米自创业伊始就推行全民持股机制，它的持股机制有两个特点：第一是全员持股，第二是团队拿大部分。小米在所有的生态公司都是不控股的，一般持有生态公司20%以内的股份。不控股意味着把最大利益留给团队，分布式团队利益主要归团队。基于此，小米在成就数以千计的创业团队的同时，利他取势，成就了自己以用户价值为核心的产业王国。

第 6 章

民营企业管理的痛点及最优实践

> 一个家族企业在创业过程中成长起来以后,面临从情感到规则、从团伙到团队、从命令到管理的问题。这个过程中,人力资源管理者应该能帮助企业建立规则,平衡双方的差异。
>
> ——张建国
>
> 中国改革开放 40 年,企业管理方面最具有中国特色、最具有原创性的管理理论和最优实践是关于人的管理。
>
> ——彭剑锋

6.1 阻碍民营企业管理升级的十大痛点及应对方法

1. 人工成本提升情况下如何保证经营效益。

当前,不论是工资、社保,还是环境保护、合法合规要求等因素,都使企业经营的人工成本极大提高。这种情况下,企业如何获得经济效益呢?这是当前企业人力资源管理面临的突出问题。

第6章　民营企业管理的痛点及最优实践

过去企业以机会为导向，凭一个项目就可以赚钱。但是现在，这样的机会越来越少了。转型升级发展的时代，企业要靠经营管理提高效率，才有可能获得利润空间。这是一个大趋势，而且是不可逆的趋势。

在这种趋势下，企业的用人策略、用人方式迫切需要调整，要让每一个人的产出更高，从而提高人均效能、降低企业总成本。具体可采取以下应对方法。

第一，企业对人员实行目标管理，将绩效考核和奖励机制结合起来，用非常明确的目标指明员工努力的方向。同时要有一套考核办法，对员工的工作成果进行科学、公正的衡量，根据考核结果给予适当的奖励，激励他去努力完成目标。

人均效能的提高与人员投入的时长并不成正比，也就是说，并不是工作时间越长产出越高。时间本身没有意义，只有在单位时间内将人力成本变成高价值产出，企业才能在产品上获得一定的利润空间。所以提高人均效能，对企业的人员管理是一个考验，要求有较高的管理水平，能用清晰地目标牵引员工的行为。

第二，企业可依据用工的波峰波谷，根据企业业务的特征及需求来灵活配置人员。有的企业的业务具有季节性特征，如制造冷饮食品生产；有的企业的一些业务是根据市场需求临时调整的，具有阶段性或不确定性。为应对这种情况，与专业的人力资源服务机构合作是一种有效方式，这也就是通常所说的人才外包、灵活用工。

人才外包、灵活用工的方式对企业来说，不仅会使用工方式更加灵活，同时也会将企业的用工成本合理降低。并且专业的人力资源服务机构是同时为很多家公司服务的，具备社会化的劳动力市场调节能力，它一定会比单个企业的调节能力要强。

2. 外部不确定性显著增加，人力资源管理如何支撑业务变化

仅以人员招聘、使用和培养来说，传统的做法是在年初制定人员编制和预算，根据编制进行招聘。但这种方式其实已经不能适应快速变化的市场环境，因为对业务的预估往往是根据以往的经验，但在市场环境变动加剧、竞争日渐复杂的情况下，现实往往和预估相差较远。人员怎么匹配上业务的变动，是很考验人力资源管理部门的应变能力的。

人才的培养也有这种问题。传统的做法是每年从学校里招收应届毕业生，计划对他们进行一两年的培养后再由他们去开拓新业务。但现在，这种方式风险很大，因为有可能把人培养出来以后，市场机会早就没有了。还有一种情况是业务机会出现了，但人员配置难以迅速跟上。比如共享单车、瑞幸咖啡这类行业，它一出现就需要快速占领市场。这时候人从哪里来、人的业务能力怎么跟上市场的需求？如果按照传统的做法——先做招聘计划，再制定招聘流程，然后再去招聘——这样可能会耗费几个月的时间，而机会是不等人的。

这些都是人力资源支撑业务要解决的新问题。未来的趋势是建立人力资源管理平台，企业通过与外部的人力资源服务机构合作等方式，实现动态配置人力资源，快速组建员工队伍，提高人力资源管理效率。

现阶段而言，在外部环境不确性加剧的情况下，可通过人力资源管理部门设置方法的改变、人才雇佣与合作关系的转变，将劳动力市场从企业内部延伸到企业外部等方式，来提高人力资源管理对外部变动的反应能力，切实支撑业务发展。

第一，精简人力资源管理部门设置，充分利用社会化力量。以往人力

第6章　民营企业管理的痛点及最优实践

资源管理部门是按照人力资源模块设置的，麻雀虽小，五脏俱全，哪个模块都不能少，什么事情都需要 HR 亲历亲为。但现在的发展趋势是，人力资源管理部门的设置变得精简、扁平，尽可能多地利用社会资源，采取社会化合作的方式。比如负责招聘的部门，通过和第三方人力资源服务机构合作，将招聘、面试、测试等工作打包给第三方专业机构后，企业的人力资源管理部只需要设置几位总体把控、协调的人员就可以了。这样既可以提高招聘的效率，同时可以降低相应的成本。

其他如员工关系处理，社保、公积金的缴纳等事务性工作，以及培训工作，都可通过社会化的合作方式，大大缓解企业人力资源管理部门的压力。这样，人力资源管理部门的设置就不需要大而全，HR 也不需要那么多了，只需留下那些能够很好地和业务部门进行融合的关键人员，并使他们的主要精力放在支撑公司业务目标的实现上。

第二，转变高端、专家型人才的雇佣关系，善于借"外脑"。企业在聘用一些高端、专家型人才时常常面临这样几个问题：一是不易获取。二是如果企业的发展规划和高端、专家型人才自身的发展规划匹配不上时，他们的价值就难以充分发挥。三是文化价值观的融合问题。现实中经常出现的情况是：企业花费了很大精力、给出了很高的待遇招聘了高端人才，但过一段时间之后企业就感觉投入和产出不能成正比，或者说不能解决企业的关键问题。

对于高端、专家型人才，其实可以转变雇佣关系，如变企业自己招聘为聘用外部专家顾问，变长期雇佣为合伙人式、项目式合作关系。这样，项目的目标会更加明确，效果更易量化考核，而且成本可以相对降低。

除此之外，还可进行业务外包组合，企业需要做的是分解工作任务、明确目标，然后统筹整合社会上最优秀、最专业的团队来做。

第三，建立内部的劳动力市场，并从企业内部延伸到企业外部。由于业务变化的速度加快，市场的不确定性增大，人力资源要能快速响应、灵活配置，因此，建立企业内部人才市场就很有必要。通过内部招聘、转岗、调岗，以及组建以任务为中心的项目小组，提高人力资源对业务的支撑、对市场变化的响应。与此同时，也可将劳动力市场延伸到企业的外部，通过和外部人力资源服务机构的合作，迅速找到并配置合适的人员，效率更高，且管理成本更低。

3. 人力资源如何满足新型经营性小微组织的经营要求

传统企业组织架构的设置一般都是采取职能制，就是根据企业的业务模块进行分割，或围绕产品的研发、测试、生产、销售、售后服务等等来设置。按职能设置组织结构，容易出现"板结化"和"僵化"的情况，不能迅速响应客户需求的变化和更为复杂的竞争。而小微组织、创业型的项目组、产品组更加灵活、机动，更具有活力。

新型的小微组织不再以考核KPI为主要功能，而是主要承担经营指标，这个时候人力资源管理就要以经营的思维来设计机制，让小微组织的管理者承担经营责任。当然，对小微组织的考核方式也必然会发生变化，从以往的绩效考核指标设计、目标分解，转变为考核项目结果。这会使考核更容易衡量，也更加明确化、简单化。

组织结构变轻、化小以后，由于对工作的成果更加容易衡量，所以在企业内部更易于形成竞争机制，不同的项目组之间可互相竞争，而且和相应的考核奖励挂钩，通过内部的适度竞争激发组织的活力。

4. 家族企业如何解决职业经理人问题

关于职业经理人的问题，家族企业应与一般的民营企业分开来谈。家

第6章 民营企业管理的痛点及最优实践

族企业具有独特性,是普遍现象。很多家族企业,创始人带领家族成员非常艰辛地把企业做起来后,引进了职业经理人,想改变家族治理的弊端,但很少有成功的,总是不久又回归到原来的状态。为什么?因为在家族企业的管理理念与制度体系中,情感因素占据着更大的比重,家族成员之间的信任感是流在血液里的,这也导致了家族企业并没有形成真正的企业规则,没有相应的企业架构,管理理念也是不明确的。职业经理人进来以后很难融入其中。

一个家族企业成长起来以后,重要的是建立规则,由此而面临从情感到规则、从团伙到团队、从命令到管理的问题。这个过程中,人力资源管理者如何来帮助企业建立规则,平衡双方的差异?家族企业的架构能否容下职业经理人?能否通过规范的方式把人才凝聚起来,而不是完全实施家长式的管理?如果没有企业文化,没有明确的主张,所谓的准则、对错都是由其中一人决定,并且是事后决定,那么这个企业的凝聚力如何真正建立起来?这些都是中国家族企业普遍要面临的难题。

关于家族企业如何成功引进职业经理人,实现职业化经营管理,我们有以下建议。

首先,家族企业的老板要给自己一个准确的定位。老板要明确自己在企业中担任的角色到底是什么,是决策者、经营者,还是财务管理者?角色明确了,相应的责任也能界定清楚。明确了老板的角色定位和责任边界后,就清楚了职业经理人的责任和权利,就可以据此设计责、权、利清晰的组织体系和管理体系。

其次,企业内部要建立明确的规则与制度。大多数家族企业在企业的发展过程中,更多的是靠信任关系和情感关系来推动的。家族成员围绕着家族中的权威（往往也是企业的权威），靠着相互的了解、信任和默契，可能对问题比较容易达成一致，有时候效率也很高。但企业规模大了以后，尤其是引进职业经理人进入领导团队时，很难再靠情感来维持相互间的关系。在企业经营过程中难免会有不同的观点和意见，如果没有制度、工作流程、决策规则来予以约束，很容易出现老板"一言堂"，或者最终都是家族成员说了算的情况，这样，职业经理人就会很被动。家族企业要走向职业化经营，要让职业经理人发挥作用，就一定要完成企业的制度化建设。

最后，要确定需要引进的人才的标准。一是一定要清楚企业到底需要什么样的人，他的价值观、经营理念与企业的是不是一致。二是引进职业经理人并不只是引进他过往的经历和经验，更多的是需要他一起来创业，或者开展其他开创性工作，所以不管人才过往的经历如何，他是否具有开创性能力、能否打开新局面很重要。三是一个职业经理人到了企业以后应该要有开放的心态，要有重新学习和理解这个企业的业务的心理准备，而不只是把原来的东西拿过来，认为只有这样才正确。所以，在引进职业经理人的时候还要考察他的经营思维理念、价值观，以及他的创业精神或者说工作态度，与企业的需求是否一致。

5. 企业文化如何成为企业与员工之间的心理契约

企业文化要让员工有心理上的认同，这种心理认同不是通过制度层面，而是通过文化层面来体现的。中国很多成功企业都有自己的精神追求和文化特质，比如华为、联想、万科、阿里巴巴、小米，如果没有旗帜和文化主张，团队就缺少凝聚力和向心力。怎么建立起一个兼容法、理、情，且具有凝聚力的文化，这是一个很大的命题。

当然，企业文化没有统一样板，不同的成功企业有不同的文化，比如阿里文化、华为文化、联想文化、万科文化都不同。成功的企业文化其实是没有标准的。如何在企业中打造适合企业特征及适合企业人员的文化，这是一个核心问题。

首先，企业要明确公司的文化特点和核心价值观。企业文化对企业的重要性，与一个人的性格对这个人的重要性是一样的，即性格决定命运。能不能成为一个优秀的企业，首先取决于是不是有非常优秀的文化特质和价值观。

要让更多的人认同企业的文化，融合到企业文化中，企业需要先梳理和明确自己的文化特质是什么、倡导的价值观是什么。企业文化和价值观并不是几句口号，而是员工的日常行为准则，是在处理具体问题的时候的判断标准。若员工具有同样的价值观，则一个问题出现后大家就容易形成一致的判断，互相之间也比较容易理解和配合，能大大减少企业内部管理层面的矛盾。所以价值观的明确和一致并不是虚的、空的东西，对管理有非常实际的价值。

其次，企业制度要能够确保企业文化的落地，也就是说，企业所提倡的文化和价值观，要与具体的考核制度、奖励方式等挂钩。只有这样，企业文化才能变成员工自觉的行为准则，才是落地了。

最后，选拔和使用符合企业文化的各级管理人员很重要。因为企业中高层管理者本身就是企业文化的传导者、践行者，所以在选择各级管理者的时候除了要看他业绩好坏、能力强弱以外，非常重要的一点是要考察他的价值观是不是符合企业的价值观。若其价值观与企业的不一致，那么人才的能力越强，对企业的破坏性可能就越大。

6. 企业兼并重组过程中如何解决文化融合与人的融合问题

中国企业兼并重组的案例，可以说是"成少败多"，往往是兼并以后发现其中有很多"地雷"。细究起来,其中原因之一是中国企业往往对被兼并的企业并不尊重,被兼并企业的人才得不到一视同仁的待遇,企业没有处理好文化融合、人的融合问题。

过去很多企业在兼并之前只看到兼并能给自己增加多少利润,并没有研究和理解这个企业的文化和团队,经常是等到企业兼并之后才能发现文化融合与人的融合问题。人的问题在财务报表上是看不出来的,但往往是最后导致企业兼并失败的深层次原因。因此,在兼并以前,企业的人力资源管理部门就应该深入研究被兼并企业的人才价值、文化价值,尤其是文化的融合性。

在企业兼并过程中,人力资源管理部门到底应该起什么样的作用呢?

第一,对被并购企业核心团队的考察和评估。很多企业在进行并购的时候更看重被并购企业的产品、市场、收益和利润,但对这个企业的核心团队并没有特别关注,导致企业并购以后出现很多冲突甚至不可调和的矛盾,导致并购的失败。在并购的时候对核心团队、关键人物的考察非常重要。只有对核心团队和企业的文化特质进行了认真的考察评估,认为这两个企业合并以后可以融合,能产生化学反应,才能说这样的并购有可能成功。

第二,做好并购之后的制度对接与文化融合。企业并购后,相较于其他,制度对接和文化融合是最为迫切的。因为不同的企业发展历程不一样、经营的思维方式不一样,所以在经营过程中自然形成了各自的管理制度以及不同的文化特质。在并购以后,人力资源管理部门要把制度的对接与文化的融合作为首要工作,围绕着制度对接和文化融合这个目标去设计一系列的管理制度,并且认真地对待、落实。

第6章 民营企业管理的痛点及最优实践

在这方面,人力资源管理部门要注重对企业文化的培训与宣导。因为一个企业的经营成功关键还是取决于人的思想,即他所遵从的企业文化和价值观。人力资源管理部门要做大量的、分层次的文化培训和宣导工作,否则的话,两个企业看起来是合在一起了,但是心没有走到一起,就不可能产生并购的"1+1＞2"的效果。

7. 自由职业等新职业形态下,企业如何吸纳和使用人才

在价值观更为多元、技术条件更为先进、人的选择更为多样化等因素的影响下,就业形态将更加自由,个人与企业之间的关系也更为多样化、复杂化。比如,司机加入滴滴打车以后没有"劳动关系"的约束,他是自我雇佣。在自我雇佣和就业自由等新职业形态下,企业应如何吸纳人才、使用人才?

首先,企业要以更加开放的态度来思考人才聘用问题。知识经济时代,人力资本价值优先。这要求企业在聘用人才时,要去掉传统的雇佣观念。认为我给你钱你来干活就可以、让干什么就干什么的理念已经落后了。企业应该真正地尊重人才,以平等的态度来思考人才雇佣问题,从雇佣走向合作。合作的方式也应多样化,比如项目制,聘请外部顾问,等等。

我们要看到,社会化的合作方式将越来越成为主流的用人模式之一。共享经济模式使人们看到一种全新的人才使用方式。滴滴出行在雇用司机的时候并没有与对方建立劳动关系,而是建立业务合作的关系,而且它可以与全国几百万名司机进行合作加盟。想象一下,如果按照传统的管理模式,一个企业管理几百万人将会难度多么巨大、管理成本多么高?但是共享经济的模式解决了这些问题。

其次,企业要具备更强的人才管理与知识管理的能力。更为开放、更加多样化的用工模式，其实会倒逼企业提高管理能力，比如提高对结果进行很好的进程把控和评价的目标管理能力，有效地分解和管理工作任务、输出知识的能力。

如果企业能做到这些的话，在自由组合利用人才方面就会更加有优势。

8. 中国企业如何应对走向国际化的问题

中国企业走向国际化，可能有一定的产品技术优势，但是到了其他国家以后，首先遇到的问题是文化的差异性，为此人力资源管理的方法就要发生改变。

中国企业走向国际化以后，会遇到加班不合法问题、用工风险问题等。一旦产生法律问题，赔偿对企业而言会是不小的负担。中国企业在国内所采用的一些工作方式为大众和社会所接受，到了国外却为人所诟病。

此外，还有人才结构、薪酬等问题。中国的很多企业到了国外以后，雇佣的方式也发生改变。比如，在印度员工流失率很高，企业不知道员工是什么时候离开的，甚至有时一个团队一起离职；在东南亚，通常一个礼拜发一次工资。这些是中国企业在国内没有遇到过的问题。

中国企业的人力资源管理正面临这一课题，要做的工作很多，但笔者认为以下三方面可作为"抓手"。

第一，跨文化管理。中国企业走向国际化以后遇到的第一个问题其实是跨文化的问题。在国内经营环境中的种种习惯性思维、行之有效的管理方法，到了其他国家以后容易"水土不服"，比如加班问题。所以，跨文化管理，是中国企业在计划走向国际化的时候就要思考的问题，并且事先就要做好充分的预案。

第二，制定符合当地劳动法规的较完善的管理体制。坦白说，在中国

第6章　民营企业管理的痛点及最优实践

企业中，尤其是在国内民营企业中，人治是比较普遍的管理方式，但走向国际化后，人为因素的影响将会大大地降低。企业必须要根据业务目标、结合当地的法规及文化因素，制定相对明确的管理制度、管理体系，在雇用和管理员工时，用契约对双方的行为作出约束。

第三，主要负责人的选择与核心管理团队的组成。中国企业进行跨国经营时，核心管理团队到底是用中国人，还是实行人才本地化，的确是一个难题。经过很多中国企业的实践探索，目前比较通常的做法是"混合式团队"：从本企业派驻懂企业、懂业务的核心人才作为团队的主要领导，根据目的国的情况聘用有该国或地区工作经验的高管协助，在本地聘用有跨国公司工作经验的管理层人员组建成管理团队。

其实中国企业现在在进行国际化时面临的困难，跨国企业到我国来发展时也碰到过，这个时候我们就可以借鉴他们的经验，并进行换位思考，探索有效的管理方法。

9. 在法律法规不断完善的情况下，企业如何处理员工的管理和劳动纠纷等的问题

企业遇到这个难点问题时，第一，应该从源头上规避风险。比如，人力资源管理部门一定要保证员工手册、劳动协议等合规、合法，明确各种规则。一旦发生纠纷，上述文件，包括在日常工作中的记录，就可以作为依据。第二，建立用工规范与风险机制。企业在一开始的时候就应由专业机构来帮助建立相应的规范和风险的控制机制，事先避免用工风险，让企业处于主动的位置。第三，采取外包的方式来避免项目性用工的风险。企业在经营一些项目性的业务的时候，包括公司在波峰波谷的时候，其实完全可采取人才外包的方式。这样，不仅可将对劳动风险的防范交由专业的外包机构来承担，而且可实现用工效率更高、管理成本更低。

10. 如何让老板有经营人才的意识，像重视经营一样重视人力资源

中国企业经常出现的问题是，老板缺乏对人力资源管理体系的了解和认知，但又自我感觉很好，觉得自己都是对的，从而在企业中无法建立有效的人力资源管理体系。怎样让老板有人力资源的思维和认知？如何让老板像了解经营的重要性一样理解人力资源的重要性，能够对人力资源管理有真正的系统化的认知？这些是很多企业需要解决的首要问题，如果这些问题解决不了，那么后面的问题都无从解决。

那么，从人力资源管理的角度，能通过哪些工作影响老板树立人才经营的意识呢？

第一，人力资源管理者自己要用企业经营思维指导人力资源管理工作。也就是说，人力资源管理者首先要有经营人才的意识。企业的人力资源管理部门不能把自己定位为仅仅是一个职能部门，而是要站在企业的经营角度，站在老板的角度来思考如何有效地推行人力资源管理。管理的目的是要给企业带来效益，所以企业人力资源管理者就要思考如何激发员工的潜能，如何推行公司的目标管理，如何对员工的行为进行有效的考核、管理，如何通过各种人才经营的思维方式来综合降低用工成本和用工风险，多方位思考有关人才的经营问题。

人力资源管理者只有这样思考问题，才可能和老板在同一个频道进行对话，也比较容易获得老板对人力资源管理工作的认可。

第二，通过引进外部专业机构来"教育"老板，帮助企业改进人才管理的方法。人力资源管理者在实践中，最常碰到的困难是推行人才管理制度时无法协调企业内部的矛盾冲突。这有两方面原因：一是人力资源管理者

第6章 民营企业管理的痛点及最优实践

自身难以从企业内部的矛盾冲突中抽离出来，不能完全客观中立；二是企业内部的人员看不到这些矛盾冲突背后真正的问题所在，所谓"不识庐山真面目，只缘身在此山中"。为了加强专业性、权威性，企业通过和外部专业机构合作的方式来推行人力资源管理体系，有利于从第三方的角度客观地看问题，而且也比较容易获得各个职能部门的认可。当然在推行过程中，人力资源管理部门要和各个业务部门很好地进行沟通融合。有些企业甚至直接组建由各个部门领导组成的项目小组，共同对接外部专业机构的相关负责人。

第三，要创造机会让老板更多地了解人才经营管理的思维。人力资源管理者也要设计针对老板的培训计划，针对企业的经营管理中的迫切问题，让老板参加一些比较有效的专题培训，包括到一些行业中比较优秀的企业去考察交流，以既促进老板对人力资源管理的认知，也有利于将来在企业内部有效地推行人力资源管理体系。

一个企业，有关人才的政策、制度、体系等等的决策权最终还是在老板的手中。人力资源管理者和老板之间能不能达成思想上的共识非常重要。这种共识以认知为基础，没有共同的认知基础，就不可能形成有效的配合。所以对人力资源管理者来说，主动地去影响老板是一项虽然困难但非常重要的任务，要切实从企业经营思维的角度出发，引导和帮助老板获取更多的有关人力资源管理的新思维、新方法。

6.2 人的问题根源：企业文化的三个命题

文化是企业培育的一片土壤，会让适合到这里来的员工，像种子一样生根发芽和成长。企业会投入很多的精力，设计不同的元素，让土壤变得更加适合这些员工，让他们实现自我价值。正像东北有黑土地、南方有红土壤，每个企业都会有自己不同的生长环境，所形成的文化也是不同的，所以我们不能随意评价某一种是好的或坏的。

1. 企业文化需要解决的三个命题

第一，企业的独特文化，即适合行业且适合企业长期发展的文化特质是什么？有的企业规模小，实行"哥们儿"文化，大家"吃吃喝喝"很开心。但是这种文化决定了企业做不大。如何打造让企业持续发展的文化特质，很重要。

第二，如何让文化落地？不能只是空喊口号。文化只有很好地落地，才有可能不断地被强化，企业才可能凝聚更多的人才，才有可能把事业做得更大。

第三，文化需要不断地更新换代，与时代相结合。比如，华为如果在互联网时代还靠军事化的管理模式，可能管理不了现今该企业这么多优秀的人才。在互联网时代，企业文化总体上应更加开放，企业的业务可采共享和共融模式。

当然，这个文化不仅仅是企业内部的文化，还包括产业链上利益相关者的文化。

2. 企业文化的传承与创新问题

一个企业的文化再好，也要随着时代不断地进行变革。人瑞集团毫无疑问传承了华为的很多文化，同时又吸收了互联网的很多文化，这也与它从事的行业和它的企业特征相关。

对中国很多企业来说，想做大，但是往往做不大，根本原因是企业不能凝聚更多的人来做事，有时即使凝聚了更多的人进来，又难留住人。很多企业在发展的过程中，一开始并不重视企业文化建设的问题，在靠多接业务发展起来以后，以为薪酬高就可以招到任何人才，然而把人才招来以后，由于企业文化建设滞后，人才留不住，从而导致企业做不大。所以，一个企业如何创造文化和进行文化建设，并让文化适应变化和持续发展，是很大的一个问题。

3. 如何构建不同的文化土壤

鉴于中国人的文化心理、教育特点等，中国企业事实承担重要的教化功能，要帮助年轻人社会化、职业化，有时候甚至要帮助年轻人完善人格。这是现实情况。企业要正视问题，在文化建设方面不仅要谈愿景、使命和价值观等，更要把文化具象化，落实到日常管理行为中。

从组织结构来讲，企业文化建设应该由人力资源部承担，因为需要制度为它保驾护航。惩什么、扬什么都是行为措施，终极是为文化服务。如果没有制度，文化是虚的，如何落地？企业需要推行一系列的制度，如KPI、奖惩制度等，以把文化变得具象。

6.3 家族企业治理难题及人力资源管理挑战

1. 家族企业治理的三大认识误区

在中国的民营企业中，家族的身影始终若隐若现、似有似无。虽然在过去四十年经济持续、高速发展的过程中，家族企业成为了中国民营企业的主力、中国经济不可或缺的组成部分，它们中的佼佼者甚至走上了世界经济的舞台，然而，在对家族企业的认识上，国人，甚至包括那些"身在此山中"的人，还存在比较大的误区。

(1) 羞于谈血缘。

中国人一向崇尚"血浓于水"的骨肉亲情，血缘的重要性已经沉浸在中国人骨子里。毫无疑问，家族企业就是靠这种血缘关系紧密维系的。但在下意识中，它们又认为血缘关系有悖于现代企业的发展理念。这种认知上的冲突在家族企业面临代际继承的时候就更为明显地表现出来。

中国的家族企业发展历史较短，其创始人主要以"50后""60后"为主，甚至还有一部分是"40后"，未来五到十年，将是批量交接班的时候。是把企业交给儿女还是交给其他家族成员，抑或交给职业经理人？社会上的舆论似乎偏向交给职业经理人，认为交给职业经理人才是正途。但是家族成员往往实际把握着家族企业内部的运营和治理命脉，最熟悉企业的情况，所以企业家担心为换人而换人会极大影响企业的正常运转。

另外"血浓于水"，企业在某种程度上也是创业企业家的一个孩子，创业企业家人和企业也有一股割舍不开的感情，交给不熟悉的外人，的确很难放心、放手。所以，大多数创业企业家从内心来说，还是愿意把企业交给自己的后代或其他家族成员，但一方面顾忌社会上的评价或品牌的市场形象，另一方面还不知道怎么解决家族成员接班的合法性、应遵循什么样的机制等，所以又羞于谈血缘，对血缘传承遮遮掩掩。

（2）羞于谈规则。

在家族企业中，家族内部治理与家族企业治理常被混为一谈，很多原本用于家族内部治理的规则被套用于家族企业的治理。

不同于西方国家家族内部治理与家族企业治理的泾渭分明，中国人可以按照现代企业的规则来治理家族企业，唯独在家族内部治理方面羞于谈规则。这可能是受中国传统文化的影响，亲兄弟难以明算账，一算账就觉得伤感情。所以，在中国，家族内部治理与家族企业治理之间没有明确界限，家族内部的矛盾往往导致企业陷入经营的两难境地。其实，这两者之间是有必要澄清的，它们是两个层面的问题，既有统一性，也有特殊性，不能混为一谈。

由于没有建立家族内部治理和家族企业治理的规则，家族企业会面临产权和控制权的争夺与治理混乱的问题。由于没有良好的家族财富分享机制与制度保障，家族财富的获取完全决定于股权大小和对企业经营决策与管理的参与程度，所以家族成员都争股夺权，于是就会出现兄弟阋墙、父子反目的问题，从而阻碍中国中小企业的成长。

(3) 羞于承认"家族企业"的身份。

在全球范围内，真正有生命力的是家族企业，而且真正能打造百年老店的也是家族企业。世界上有很多家族企业延续了几代人，即使经历两次世界大战和无数次经济周期的动荡，它们仍然存在，成为所在国经济的脊梁。但在中国，他人不遑多说，即使是家族企业内部的成员，也把"家族企业"看作是一个贬义词，羞于承认自己的"家族企业"身份。

在笔者接触过的一个企业中，企业老板想起草一份家族企业文化大纲，他儿子坚决反对，因为他认为企业的性质不是家族企业。也就是说，在这个儿子心目中家族企业是一个贬义词，不能明确地提出家族企业的治理传承问题。最终，大纲还是被命名为企业文化大纲，而不是家族文化大纲。

2. 建立家族企业治理和接班人传承机制

(1) 建立家族内部机制和企业机制。

在中国，家族对企业在产权上要有一定的控制权，在经营决策与管理上还要有一定的话语权。家族没有这两种权力，该企业就不是真正意义上的家族企业。

从某种意义上说，家族企业不是纯粹的单一的利益集团，而是一个事业集团或者命运共同体。家族企业之所以能够长寿，就是因为家族成员参与决策更多的是基于长期发展的战略目标，而不是基于短期的投机。家族成员往往为家族荣誉而战！

如果某一家族成员没有兴趣和能力参与企业经营管理，那么他可以从事自己所喜爱和适应的工作，通过家族财富信托基金也可以分享一部分家族财富的增值，也就没必要参与家族企业经营，使有兴趣和有能力者参与家族企业经营与管理。这时就涉及家族成员之间产权如何分配？产权变现以后，财富归谁所有？财富如何继承？财富增值后如何在参与经营管理的人与不参与的人之间进行分配。

在控制权方面，国外采取家族控制、职业经理人经营的方式——家族始终保持对企业方向、战略及文化的控制，而经营交给职业经理人或有能力的家族成员。而中国的家族企业并没有对控制权、决策权、经营权、管理权进行制度性的安排，所以会面临着谁来控制企业、建立家族内部控制机制和企业控制机制等方面的问题。

在这方面，安踏和温氏表现得比较出色。安踏所有的经营班子都由世界一流的职业经理人组成，在经营理念、企业文化等方面，都形成了成熟的机制，且企业决策程序都很透明，并倡导各抒己见、鼓励百家争鸣。所以，安踏能够超越李宁，做到亚洲第一。而温氏作为一家典型的家族企业，其管理者能够继往开来，与其四兄妹股权平衡，并与六千多位员工和合作伙伴齐创共享，与公司有统一的文化和治理规则是密不可分的。

（2）明确传承规则。

中国家族企业的传承问题很复杂，涉及夫妻、父子、母女等家庭成员，甚至包括女婿、儿媳等"外人"。这是很多中小企业都无法回避的事实。

第6章 民营企业管理的痛点及最优实践

国外家族企业在家族控制与家族荣誉和财富分配方面，很多是基于血缘法则，但在经营方面则是基于能力法则。

国外的家族企业之所以经久不衰，很重要的一个原因是家族财富绝大多数落实到家族基金中，由整个家族共享。家族基金除了用于社会公益事业，还用于保障家族成员的体面生活和满足他们的创业需求，保证他们即使玩艺术、不参加企业的经营管理，也会过上体面生活，但是不能保证其过上奢靡生活。家族成员有基金为保障，免于生存问题的困扰，就可以做到为荣誉而战、为家族文化而战、为企业基业长青而战，而不再为短期利益而战。如此说来，这些国外的家族企业不再是利益集团，而是一个理想集团。对于如何培育家族成员、选择接班人及传承文化，这些家族企业都已形成了一套机制。家族成员拥有财富的多寡，取决于其能力和贡献。

中国人为什么说富不过三代？就是因为有些家族成员没有能力。从竞争法则来讲，家族成员要证明自己的能力必须经过艰苦奋斗，也只有奋斗才能获取财富，而这些正是中国家族企业相形见绌的地方。

从中国家族企业的角度来看，还要研究继承合法性的问题。地位具有合法性的人有时能力不够，而有能力也并不意味着就有凝聚力、能得到众人的认可，所以矛盾重重。中国家族企业面临的另一个问题是非婚子女争夺财富的问题。这个问题很现实，因为从法律的角度来看，非婚生子女一样具有继承权。如果中国家族企业不解决家族继承的问题，企业的进一步发展就会受阻。

(3) 形成利益共同体。

在中国的家族企业中，只有参加经营管理才能分到那个盘子里的东西，无形中导致了以家族内部治理法则替代家族企业治理法则的状况。这是中国的家族企业急需解决的一个问题。

家族成员身份与家族经营者身份的混淆是现在中国家族企业的很大问题。在角色意识和角色认知方面的混淆，最终导致家庭伦理法则替代企业利益法则或者竞争的法则。

但是，若家族成员既不是命运共同体，也不是事业共同体，而是各有各的心思、各有各的利益计算，怎么可能把一个企业经营好呢？怎么能把企业打造成百年老店呢？当企业面临传承的时候尤其如此。只有把家人角色剥离开，家族成员才能从容地探讨企业的经营，以提高企业的效益。这时候家族成员之间形成了利益共同体的关系。

（4）要有核心人物。

家族企业中一定要有个核心人物。据笔者观察，家族企业经营好得有两种模式。一种是温氏模式：董事长温鹏程就是一个核心人物，家族其他成员都比较敬服他，其精神领袖的地位不可动摇，所以家族企业稳定。另一种是安踏模式：尽管其经营者是来自世界各地的职业经理人，但安踏创始人丁氏父子仍掌控着企业的股权。笔者认为，家族企业应该有核心人物，如果一个家族企业没核心人物的话，它肯定会出问题。

管理实践

某家族企业转型升级中的人才引进与融合实践

1. 企业转型发展需求与家族成员之间的利益纠葛

A公司是一家典型的家族式民营企业，初期的发展依靠家族亲情，几个兄弟一起创业。在这个过程中该企业用人的核心理念是忠诚，用人的尺度和标准是忠诚。老板认为，要用能信得过的人来一起经营企业。

当实现了原始资本积累之后，A公司想做强做大。这个时候家族的领

第6章 民营企业管理的痛点及最优实践

头人对人才结构有了重新认知,为这个企业未来的发展制定了战略目标。自此,这个企业的人才结构发生了变化,人才标准也相应得到了大幅度的提升,从原来所谓的忠诚度提升到了专业度。

2011年,A公司决定从家族管理模式探索转向职业化模式,并集中从社会引进了几名核心高管进入领导层。这在A公司的管理历史上是一个非常好的开端。公司密集引进了包括品牌、营销、财务、人力资源与行政管理方面的高管,当时考虑的是:一是空降的人才在本企业中没有复杂的人际关系和思想包袱;二是这些成熟的职业经理人都是在相关领域很专业的人士,职业素养很高,能很好地弥补家族成员的能力缺陷。

这一切从表面看起来很容易、很顺畅,但这个过程其实是该家族企业的一个裂变过程,这个过程是很痛苦的,夹杂着很多冲突、矛盾与痛苦:对此,要在家族内部达成一个共识,而这种共识的达成取决于家族成员对利益的认知,对战略目标的认知,以及对自我的认知,所以要达成一致其实很难。

为什么最后他们能达成共识?其实还是最本质的因素——利益在起作用。因为企业经营和家族管理不一样,家族中,可能老大就是老大,老大有决定权,而在企业中,可能是老三做"老大"。这时候怎么平衡利益与心理?A公司老板和其家族成员之间其实也经历了一番斗争与较量,最终大家统一在企业的利益上。

2011年A公司引入了职业经理人模式后,从2011年到2017年,实现跨越式发展,从不到20亿元的营业额,做到了2017年的100亿元规模,成为行业中本土企业的龙头老大,体量、品质、品牌价值都居第一。

A公司在突破百亿元规模之后,有了与国际大牌媲美的自动自发意识。

这相当于企业的二次转型升级。这个时候，A公司老板的思想、意识开始发生了变化。其实从企业发展需求，从企业家精神来说，这是很正常的。但是思想的变化带来两个后果：一是家族内部利益的斗争，因为对利益的追求，家族内部可能对企业的管理理念、经营模式，以及对未来战略目标的认知发生了很大的差异化。二是老板觉得在这个历史阶段，过往的人才结构、人才标准已经不够支撑公司的发展。老板在接触了外界，比如外企、500强企业的高管外，认为朝下一个500亿元目标努力的时候，人才结构和人才标准一定要发生很大的变化。所以老板要求人力资源总监招聘更多优秀的人才，一次提供14个高管的岗位。

2. 人力资源部总监如何平衡企业需求、影响老板决策

当老板的用人思想发生了变化，而整个企业的思想意识并没有跟上时，在执行层面，人力资源部就不能愚忠了，不能机械化地执行，而是力争在老板的蓝图基础上，尽可能地通过人力资源部的能力进行组织变革和落地执行。

首先，根据未来的总的战略目标，企业一到三年之间针对这样的战略目标需要什么样的人才结构，根据组织架构的变化搭建人才结构。A公司的人力资源部对组织架构进行了调整，调整之后确实请到7位VP级的人。

后来7位VP级的人进入企业后，A公司的老板一开始觉得这7位高管非常厉害，因为都是从世界500强企业聘请的专业领域高端人才。但是，过了四个月后，找来的人是不是对的人？人才的文化特质和对企业的精准定位是否匹配的问题就突显出来了。这7位高管固然优秀，但是他们并不一定是合适A公司的人才。所以A公司的老板认为这些人不符合预期的定位。

这个时候A公司的人力资源部怎么说服老板？它这样与老板沟通：第

第6章　民营企业管理的痛点及最优实践

一，对A公司来说这些人是不是对的人，标准不应仅是老板的意见。第二，企业是否用对了这些人才，有没有能力用对这些人才，才是核心问题。

这种思路老板是接受的，高级职业经理人与企业文化的融合必然要经历一个过程，在这个过程中，企业采取一种什么样的态度很重要，不能抱着"行就行，不行就走人"的想法，还是要拿出最大的真诚，检视和改进企业本身的问题，为空降高管提供存活下来的土壤环境。

近两年后，A公司引进的7名高管中，3人留下。这在类似的民营企业中是很正常的，存活率相对来说已经比较高。

3. 对人力资源管理者的启示

第一，人力资源管理者要懂老板。特别重要的是，人力资源管理专业的人不要拿所谓专业人士的"高冷范儿"来对待民营企业的老板，认为自己才是专业的，是老板不懂。人力资源总监听懂老板说什么，知道老板想要什么，更要知道怎么通过什么样的行为实现老板想要的目标。

第二，摆正自己的位置。在民营企业做人力资源管理者，必须要有一个平衡点：既不能完全站在员工的角度，做员工的代言人，也不能完全站在老板的角度做所谓的人事。要始终把握住这个原则：既要对老板、对企业负责，也是对自己的专业负责任。

头脑风暴

中国企业人力资源管理40年最优实践十大案例[①]

中国经济四十年保持高速增长不衰的奥秘究竟是什么？笔者认为可以

---

① 本部分为彭剑锋在中国人民大学劳动人事学院年会上的讲话，引用时有改编。

经营者思维——赢在战略人力资源管理

归结为两点：一是中国打开了对外开放的大门，可以"吸收宇宙能量"及西方百年工业文明的成果。中国经济与欧美经济的落差，形成了中国经济增长的巨大势能。二是中国的经济体制改革及市场经济要素的引入解放了人、解放了生产力，释放了中国巨量人力资源的价值创造能量，而其中中国企业人力资源管理的机制与制度创新实践更是激发了企业家的创新创业精神，驱动中国的员工加倍劳动付出，人才持续奋斗。

中国改革开放四十年，中国企业管理最具有中国特色、最具有原创性的管理理论和最优实践的是关于人的管理理论和实践。笔者依据以下三项标准选取了10个中国企业人力资源管理最优实践案例：第一是创新性，该企业的人力资源管理实践是不是具有独创性和原创性；第二是应用价值，该人力资源管理的理论与最优实践的应用是不是真正推动了企业的高速成长；第三是标杆影响力，该企业的人力资源管理最优实践是否成为行业标杆并成为其他企业学习的对象。

一、万向集团：中国企业人力资源管理制度创新与人才国际化的先行者

改革开放四十年，中国企业人力资源管理最优实践企业案例，笔者首推万向集团，是因为它具有以下几个特点：第一，它在中国民营企业中寿命最长，万向这个企业在1960年代就有了，稳健持续发展到现在；第二，它是一个全球化的企业，万向集团和华为一样，把大部分产品卖到了全世界；第三，它也是千亿级企业，且在其产业领域中具有全球竞争力。更重要的一点是，万向是中国企业最早进行传统的三项制度改革的企业，是中国企业人力资源市场化机制与制度创新的先行者。

第一，在中国企业最早推行按劳分配、施行三项制度改革时，万向集

第6章 民营企业管理的痛点及最优实践

团早在1982年就率先在中国实行联利计酬浮动工资制,按照贡献、效率进行分配。应该说万向是中国企业中最早实现联利计酬浮动工资制的,而且创造性地提出和建立起"按劳分配、按效分配、按资分配"的三维薪酬分配激励机制与系统。

第二,万向集团创始人鲁冠球在1980年代就创造性地提出人力资本"两袋投入"与"分家制"的人才激励理论与实践。鲁冠球最早提出的"脑袋投入、口袋投入"的人力资本激励,一个是对员工智慧资源的投入,一个是对员工利益的投入。另外,鲁冠球在三十多年以前就搞了分家制:把一个个项目分离出去,使其独立运作、自负盈亏。自此,仅工业一块就从一家企业、一个产品,发展到现在的31家企业,每家企业都是独立的经济实体,专业生产一类产品。这种"人人都是CEO、人人都是创业者、人人都是资本所有者"的现代人力资源理念,早在三十多年前就由万向集团率先提出来了,而且一直在实践中应用。

第三,万向集团是中国民营企业中产品最早走出国门,并在全球成功收购兼并欧美企业上百家,成功进行全球人才整合,探索核心人才本地化的模式的先行者和最优实践者。万向在美国收购了几十家企业后,它的人力资源管理实现了美国化、投资与激励机制实现了美国化,真正体现了中国企业在全球化过程中跨文化经营与人才整合的能力。

第四,更重要的一点是万向集团的家族治理模式与领导力传承独具特色且实现了家族第一代与第二代的顺利交接和传承,对于中国民营企业的家族传承发展起了正向的标杆示范作用。万向提出了独特的"家族协作接班模式":儿子掌舵,女儿女婿齐上阵,三个女婿各管一摊、自动协作。鲁冠球注重家族企业的科学传承,他精心培养儿子一步步成长为合格的接班人：让他从基层做起，一直做到企业的 CEO。他的家族人力资本传承在中国企业乃至全球企业中，都是做得最好的。

我们研究中国民营企业家绕不过鲁冠球，研究中国企业人力资源管理最优实践当首推万向。

二、华为：东西方人力资源管理理论与最优实践融合创新者、集大成者

当然，对中国企业人力资源管理理论与实践贡献最大、影响最大，最具有标杆引领作用的是华为。笔者认为，华为的人力资源管理最优实践，是把东西方的人力资源管理最新理论与最优实践，进行了系统的整合、融合、创新，使华为成为一个集大成者。华为在高度整合东西方人力资源管理最优实践的基础上，有非常多的独特而创新的做法。笔者总结归纳为以下八个方面。

（1）在对知识创新者与人力资本价值的承认和实现上，华为真正建立了与知识分子共创共享的机制。华为有三种机制在全球都是独创的：虚拟股权计划、获取分享制以及时间单位（TUP）激励计划。

（2）华为独创了以奋斗者为本的人才管理理念与人才管理机制。

（3）华为创造性地引入热力学熵减理论，提出了小熵人才管理理论与组织激活模型。

（4）在融合英国职业资格标准及美国 Hay Group 胜任能力理论与方法的基础上，华为构建了以能力为核心的任职资格体系。

（5）华为有全球首创的三位一体价值管理循环模型（全力创造价值、科学评价价值、合理分配价值）。

（6）华为有独特的轮值 CEO 制度和干部领导团队自律宣言。

第6章 民营企业管理的痛点及最优实践

（7）华为有独创的人力资源管理三权分立管理体制（人力资源委员会、人力资源部、党委）。

（8）华为创始人任正非创造性提出人才灰度管理理论及开展自我批判运动。

应该说华为在这八个方面的做法，在全球的人力资源管理实践中都是独特的，具有原创性和广泛的标杆引领学习的价值。

三、海尔：传统人力资源管理的颠覆者、产业互联网时代组织与人才管理模式的探索者

海尔集团创始人张瑞敏先生不仅是一个卓越的企业家，更是一个中国原创管理理论与方法真正的探索者、研究者、创新者。他独创的"人单合一"管理理论，得到全球人力资源管理理论与实践界的高度认可与赞扬。

张瑞敏在1990年代初就最早提出了斜坡球体理论、赛马机制，为中国企业引入市场化人才管理机制开了先河。

这几年海尔用互联网思维改造传统企业，用互联网思维进行人力资源的管理创新，提出海尔的创客理论——"人人都是知本家，人人都是创客，人人都是CEO"——和最重要的方法论："人单合一、用户付薪"。这种方法论现在在中国企业、美国企业和海尔收购的欧洲企业中也得到了应用。关于如何衡量人力资本价值，海尔创造性地提出二维点阵人力资本价值计量体系。

海尔真正打通了战略、运营与人力资源管理之间的关系，这包括以战略损益表、日清表、人单酬表为核心的自主经营体核算体系。海尔最早提出"倒三角"与全员共治的动态合伙人机制，最早提出"世界就是我的人

力资源部"，最早构建人力资本社会化的生态系统，以及人力资源"五平台"灵敏模型。这些理论和实践都是独创的，尤其人单合一理论，是海尔独创的人力资源管理完整的理论体系。

四、联想：独具中国特色的人力资源管理最优实践者

联想的人力资源管理，是非常具有中国特色的；联想的很多人力资源管理实践都是土生土长的、自创的。

(1) 联想创始人柳传志提出的管理三要素——定战略、搭班子、带队伍，在1990年代就对中国企业的企业家及高层领导力建设起了引领作用。

(2) "入模式"人才培养发展模式，为中国企业的文化落地与人才培养提供了系统工具和方法。

(3) 提出复盘与文化传承、领导力发展计划。

(4) 中国特色的渐进式产权改革与激励模式：从分红权到认股权，再到股权。在中国特殊的国情下，联想的股权改革计划是渐进式推进的，从分红权到认股权，再到股权，其对产权制度的改革整整花了20年时间。这样的产权制度改革实践在全球是独一无二的。

(5) 最早在中国企业提出人才管理天条与高压线（联想天条）。

(6) 主张"蛇吞大象"与全球人才整合。

(6) 主张分槽养马：基于人治的接班人计划（因人分拆企业）。

五、万科：阳光、理性的人力资源管理实践

万科从一开始就强调"阳光照亮"体制，从一开始就致力于人力资源管理系统建设。

万科创始人王石最早在中国企业中推出职业经理人制度与职业契约文化，应该说对中国企业职业经理人制度的推进与变革起到了引导作用；万

第6章 民营企业管理的痛点及最优实践

科最早提出"阳光照亮"体制，即科学、理性、透明的人才管理机制与制度建设，所有东西都要摊在桌面上，信息要对称。此外，这几年万科最大的一个贡献，就是推进中国独特的事业合伙机制，即投资自己的事业就是最好的投资。它不仅把这个机制形成理念，而且把它真正落实到实践。

万科还推行人力资源部一票否决制度：如果一个项目找不到合适的项目负责人就不干，先有人，后有项目。此外，万科还推行人力资源直线经理制。

万科最早推出人才供应链建设。这两年在事业合伙人制度之外，万科相应在方法上的一个制度创新是EP（Economic Profit）奖金制度，这是在EVA（Economic Value Added）奖金的基础上对高层领导团队的创新性的奖励计划。这个EP奖金制度现在在国有企业得到了全面推进。

最后，万科最早推行的项目跟投制度，真正把管理层的利益、核心人员的利益和项目的成功结合在了一起。

现在虽然王石退出了万科，但是万科所推行的阳光、理性的人力资源管理制度，为中国企业走向理性化、制度化作出了不可磨灭的贡献。

六、华润：宁高宁是国有企业人力资源管理最优实践，最大的贡献者

华润集团的宁高宁其在三个大型国有企业当过CEO：一个是华润，另一个是中粮，还有一个是中化。宁高宁在这三个大型国有企业都在推进他独创的一套管理思想、独特的高层行动学习群策群力法，以及人才盘点计划。他是真正把人和战略、业务融为一体，把它们打通了。

宁高宁把人力资源纳入了企业的战略、经营体系，财务核算体系及利润中心，真正实现了"6S"的管理体系。"6S"管理体系在上述三个大型国有企业推进，并在这三个企业推进的过程中都取得了非常好的成效。

七、阿里：最具本土文化创新性的互联网企业

阿里在人力资源管理方面很多做法很"土"，其中之一是把政委制引入企业，这应该是一个创新。阿里的政委制不是一个概念，它涉及整个人力资源体系的系统变革。

阿里的政委制实际上是一个层面更高的 HRBP 制，它实际上是公司派驻的人力资源管理者和价值管理者。通过政委制，阿里真正把企业人才的发展和组织的发展、文化的建设融合到了一起。政委制用的是传统概念，但突破了传统人力资源管理的约束，都是符合现代人力资源管理实践的。

阿里还有一个非常独特的价值观评价体系，就是"六脉神剑"，把价值观这种虚的东西转化成绩效管理。阿里还有领导团队核心能力建设利器："管理三板斧"（揪头发、照镜子、闻味道）。此外，它还有同股权不同权的合伙人制度、人才四象限理论，应该说这些理论和方法从字面上看都是传统的，从内容上看却都是符合互联网思维、符合中国企业未来发展趋势的。

八、腾讯：在三支柱基础上进行中国式创新

我曾归纳腾讯在人力资源管理方面 10 种独特的做法，其中值得主推的是对三支柱的创新。在全球来讲，对于企业人力资源管理如何去贡献战略价值、业务价值、员工服务价值，三支柱应该说是一个可选择项，但不一定是最好的模式，虽然现在全球都在普遍采用这一种模式。应该说采用三支柱的最早是华为，但是在三支柱基础上进行中国式创新、互联网企业创新的，当首推腾讯，腾讯最早就是按照三支柱构建整个人力资源管理体系的。

这几年，腾讯最大的贡献就是把 SSC（共享服务中心）升级为 SDC（共享交付中心），SDC 最大的一个特点在于：基于客户的价值、人才的价值，

第6章 民营企业管理的痛点及最优实践

致力于构建面向客户的人力资源管理系统的产品服务。这就使人力资源管理部门不再是一个成本消耗单位，而更多地成为基于客户价值的创新平台。我认为在这一点上，腾讯实际上超越了所谓三支柱的简单的定位，所谓的战略价值、业务价值以及员工服务价值，最终所有的价值都是回归到客户价值，都是回归到我们要打造的人才供应链，能力发展链以及员工服务链这三大链条，使人力资源管理进入到价值链管理时代。

腾讯真正用人力资源管理打通了组织商业模式与创新能力之间的关系，在这一点上可以说腾讯在中国企业引进国外的三支柱模型进行创新方面，为我们的时代作了巨大的贡献。

九、小米：粉丝也是人力资本，最具产业互联网思维的人力资源管理实践

就小米来讲，我认为在全球企业中它是真正提出人力资源管理要开放生态，人力资源管理要渗透到生态中；真正用基于产业价值链与生态化的人力资源管理来引领企业的发展。

六年前我提出生态化战略与产业互联网概念的时候，很少有人认同，都认为这一理念太超前了。而现在小米在生态化战略及人力资源生态化管理上已有成功案例，这是令人鼓舞的。

十几年以前我提出"客户也是人才"这一概念时，也很少有人认同，而今天小米已将粉丝纳入人力资本的范畴，并有了令人信服的粉丝人力资本最优实践。

未来的人力资源管理绝对不能停留在专业层面，一定是跨界融合，建立的一定是把员工、粉丝、用户进行三位一体的跨界融合的人力资源新体系，这实际上就是新的管理生态。此外，我们现在要树立全面人才观，真正将粉丝纳入人力资源管理体系中，真正利用互联网去KPI、去威权、去中心、去职位，实现任务导向型的人力资源管理。

十、航天一院：神圣的中国航天事业，与独特的航天人才管理创新

我国航天领域的发展，神圣的航天事业的杰出成就，实际上可归功于独特的人才管理创新。中国的航天事业之所以能够得到长足的发展，就是因为20世纪五六十年代中国就集中配置资源，把钱学森这样的全球最好的华人人才挖过来，积聚中国所有人才的力量。

钱学森在航天领域最大的贡献是引入了系统论，并且通过系统论来完善人才管理机制，实现人才的最优效用。现在互联网企业推行平台加项目制，其实，在中国的航天事业领域，早就是按照项目制、按照研发项目的型号来集成人才、组合人才，实现人才的协同，此外实行了独特的螺旋机制、技术民主。如果深度研究我国的航天事业，可以得出结论：它之所以在一二十年里能够得到飞速发展，就是因为尊重知识、尊重权威。

总体而言，中国航天领域的人才管理经验主要有以下几点。

(1) 系统论与人才系统集成、人才协同机制。

(2) 独创的知识螺旋机制：技术民主（群策群力，集智攻关，"一院的民主之花是盛开在技术民主的土壤上的"）与"质量归零"。

(3) 使命驱动、责任担当，"压担子""压任务""年轻人才加速成长机制"（事业驱动、年限破格、一线摔打、快速成长）。

(4) 平台化赋能＋项目制管理组织模式（型号项目与人才共同成长）。

(5) 独树一帜的"四线合一"的人才发展管理机制（剑指总目标，人才"系统集成"与关键突破）。

(6) "双导向驱动"机制（"高峰体验"，人才与事业相互促进）。

第三篇 认知革命：人力资源管理的思维重构与机制创新

第 7 章

重新定义领导、组织与人

> 生态思维下,每一个个体都是有能量的,每一个个体都是有生命的,个体与组织之间存在能量的交互,所以要尊重个体的力量,一个天才的创新有可能会引爆整个组织。激活每个个体的创新,需要让个体从"要我干"到"我要干""我们一起干"。人才一定是自驱动的,而不是被驱动的。组织不再是管控体系,而是赋能体系。组织管理者也应赋能。
>
> ——彭剑锋

7.1 十大要点:重新定义组织中的人

关于数字化、智能化时代及中国企业全面转型升级的背景下,企业应如何进行思维和认知的革命,重新认识、定义组织中的人,我提出以下十个观点。

1. 对人性的假设的认知转变:从线性思维到生态思维

过去的人性假设是黑白假设、非此即彼、非善即恶。人性要么是善的,要么是恶的，这是一种线性思维。但是生态思维下的人性是善恶叠加的，善恶是一个整体，善恶是交织在一起的，没有善就没有恶，没有恶就没有善，两者间是一体两面的关系。

那么，善与恶之间的状态受什么影响？第一，受人内心价值观的牵引。第二，受生态环境和人的生存环境的牵引。好的制度、好的机制、好的生态环境，会让坏人变成好人；差的制度、差的机制、差的生态环境会让好人变成坏人。也即生态思维下的善恶是交互的，是动态变化的。

2. 对人的需求的认知转变：从直线的、垂直的层序思维到网状结构的混序思维

根据马斯洛的需求层次理论，线性思维下人的需求认知、结构层次是从下至上，从低层次的物质需求到高层次的精神需求，再到自我实现的需求。这是递增的需求满足。而在生态思维下，人的需求结构是混序的，物质需求与精神需求是交替存在的，是一体化的体验与场景。

任何一个人才，既有物质需求，又有精神需求，精神需求与物质需求是混序的，不存在物质需求就是低层次的需求的说法。消费结构的升级，本身是物质需求和精神需求的双向升级。马斯洛关于人的最高层次需求的观点认为，人追求心理的自我超越，追求心灵的成长，即物质需求和精神需求是融合的，也是跨界、混序的。这是对需求的再认识。

3. 组织与人的关系的认知转变：从雇佣关系到合作伙伴关系

在线性思维下，资本是强势的，资本雇用劳动者，职业经理人给老板打工。这本身就意味着不平等，可称为资本剥削劳动。但是生态思维下情形与此不同：组织与个人、货币资本与人力资本之间是一种相互雇佣关系

第 7 章 重新定义领导、组织与人

（你可以雇用我，我可以雇用你），是一种合作伙伴关系。

在数字化与智能化时代，很多体力劳动、重复性劳动都会由机器人来做，留给人来做的是创新性劳动、智慧性劳动。劳动者与资本之间不再是一种不平等的雇佣关系，而是一种相互交织的纠缠关系、相互雇佣的平等关系。

人力资本已成为企业价值创造的要素，人力资本要求对剩余价值的索取权和企业的经营决策话语权。故未来的发展趋势就是要打破单一雇佣制，走向事业合伙机制，由具有企业家精神的人独立承担经营责任的事业合伙人。就像雷军所讲，"未来不再是单打独斗的时代，是合伙制的时代"。马云也说，"未来不是人才的竞争，未来是合伙制度的竞争"。企业如何采取事业合伙机制，是人力资源管理全新的问题。事业合伙机制与股权制不一样，恰恰有时候弱化股权，以增加事业合伙的认同，提供事业平台，为每个人对事业目标的追求赋能、提供资源。华夏基石公司提出了事业合伙32字方针：志同道合，利他取势；共担共创，增量分享；相互赋能，自动协同；价值核算，动态进退。

4. 人与人之间关系的认知转变：从垂直等级到平行网状

在线性思维下，组织是基于严格分工的科层等级秩序，是一种串联工序、协同关系，是一种上下指挥、服从、汇报、监督制衡的关系。生态思维下基于客户需求与任务，企业能够自动进行平行协同，能够形成团队，所以企业内部人与人之间不是依据科层，是依据角色和责任来建立汇报关系，不是通过相互监督制衡，而是通过相互信任、相互承诺，来建立协作关系。在互联网时代，分散的能量、分散的个体最后要通过连接形成能量的聚集，使小人物可以成就大事业。

5. 领导和被领导关系的认知转变：由垂直威权、指挥、命令到平等、支持、赋能

在线性思维下，领导就是威权，下级服从上级，这是铁律。生态思维下，领导就是支持、服务、赋能，领导与被领导之间要破界，互为客户关系，相互赋能。在威权模式下做领导容易，借助职位赋予的权威，一般人均可发号施令、指挥下属，而在赋能模式下，领导对方向要有洞见力，对业务要有洞察力，对人性要有洞悉力，才能为员工指引方向并有效赋能。

6. 组织的驱动机制认知转变：从组织驱动到自我驱动

线性思维下组织大于一切，个人服从组织；个人在组织中就是一个螺丝钉，就是一个工具，是被驱动的。但是在生态思维下，每一个个体都是有能量的，每一个个体都是有生命的，个体与组织之间存在能量的交互，所以要尊重个体的力量，一个天才的创新有可能会引爆整个组织。要激活每个个体的创新，须让员工从"要我干"到"我要干""我们一起干"，即人才一定是自驱动的，而不是被驱动的。组织的主要作用不再是管控，而是赋能体系，组织的领导者也应赋能。

7. 组织文化的认知革命：从利己单赢文化到利他共生文化

线性思维下的组织文化是一种零和博弈，每个个体的利益是独立的，首先是利己，然后再利他。但是生态思维所确立的，是利他取势共生文化：先成就他人，再成就自己；相互赋能，相互成就。不再是"我多了，你就少了"的零和博弈，而是相互赋能、相互成就，形成共生共赢的生态文化。所以，组织需要有包容性，犹如大树底下要有草。组织与个体要平等，要交互，要共生。

第 7 章　重新定义领导、组织与人

8. 人才管理模式的认知转变：从统一、整齐划一到差异化、多样化灰度思维

线性思维就是单一模式，一竿子插到底。现在的生态思维要实现对不同对象、不同业务、不同阶段的差异化管理，对人才有灰度思维。所谓灰度就是包容人的缺点、个性，包容"歪瓜裂枣"。

人是自我变革、自我驱动的生产要素，把人的内在潜能释放出来会产生巨大的能量。因此，文化管理要成为人力资源管理的核心，要强调愿景的牵引作用。

9. 人才的管理边界认知转变：从有界到破界，从封闭到开放；工作场景生活化

线性思维下管理是有边界的，基于严格的分工、严格的岗位职责，各个部门、各个岗位之间，组织与组织之间，是封闭的，有严格的边界，实现自我闭环。但是生态思维下，组织与管理一定是跨界、开放的，业务及人才要实现融合，构建相互交融、开放的生态体系。组织如果不与外部环境之间进行能量的交换，如果自我封闭，就不可能真正形成所谓的生态。

过去的管理是只针对工作场景中的人和人的工作，而在未来随着工作方式的多元化，工作和生活是融为一体的：工作娱乐化，娱乐工作化；工作就是生活，生活就是工作。这时候要从单一要素、结构化的薪酬激励走向多元要素、非结构化的多元薪酬激励。

10. 重新定义人力资源管理的价值和核心定位

过去的人力资源管理是作为一个专业职能分立出来的，人力资源管理走向专业化、职能化，而现在人力资源管理中对人的管理和企业的经营管

137

理融为一体，经营企业就是经营人才、经营客户。

未来的人力资源管理在作出专业贡献、产生专业价值，还至少有三个新价值：一是实现战略的价值；二是实现业务增长的价值；三是实现员工发展的价值。依据这三个价值，人力资源管理不再仅仅是人力资源部门的工作，人力资源管理的核心任务发生改变：不再单一以岗位为核心，也不再单一以人为核心，而是以客户需求为核心，以客户需求所产生的工作任务为核心。在组织当中人不再与单一的岗位相匹配，而是要扮演一定的角色——基于任务的角色。是因为未来的组织不是先生产再销售，而是先有客户需求再生产，由客户需求产生工作任务，而工作任务带来对人才的需求与人才的组合。

7.2 构建数字时代的新领导团队，产生新领导力

未来的人力资源管理到底应该朝着哪个方向走？笔者认为首先要提高领导力，即企业家要实现自我超越、产生新领导力。中国的企业发展到今天，企业家是最大的人力资本，企业家需要转型升级、需要变革：从主张"企业是我的"走向提倡"企业是我们的"。

企业能做多大取决于高层的领导力，取决于是否有一个志同道合、能力互补、具有持续奋斗精神的领导团队。中国企业发展到今天，尤其是在数字经济时代，对整个领导团队要进行重构，要赋予其领导力新的含义。

1. 领导团队的转型与重构

第一，领导团队应受使命驱动，而不是受单一的利益驱动，整个领导团队要志同道合，对未来的发展要达成共识。2018年以来笔者做得特别多的咨询项目就是企业的顶层设计，笔者认为中国企业应进行新一轮的顶层

第 7 章 重新定义领导、组织与人

设计：由领导团队完成对未来的系统思考，对企业未来的目标达成共识。中国企业现在处于面临多种选择的时期，领导团队现在面临的较大问题是思想经常会不统一，达不成共识。

第二，中国企业现在的领导团队需要变革。很多企业发展到今天，面临几个问题：一个是知识结构太单一，如农业公司的领导团队全是学农的，化工公司的领导团队全是学化学的。现在人才需要跨界，首先要在知识结构、专业结构上跨界。其次，最重要的是，年龄结构方面也要跨界。笔者最近到很多企业调研，深刻感受到企业高层整体上年龄层次偏高。企业，尤其是国有企业，如果整个领导班子成员的年龄都是五六十岁，将难以适应未来的发展需求。华为的任正非对这个问题就考虑得很清楚，强制性调整年龄结构，强制性要求领导团队成员在45岁退休。要打造一个全新的领导团队，产生真正跨界融合的领导力，就要调整领导团队的知识结构、专业结构、年龄结构。

第三，在转型时期，要真正用一些优秀人才，整个领导团队对此要持开放、包容的心态。现在企业所面临的最大问题就是缺少包容、开放的心态，引进的空降部队，因企业文化不开放不包容，落在沼泽地上。此外，对有真正个性的人才也不包容。在我们这个新的时代，允许多元文化并存，才能让全球人才为我所用。企业的领导团队持有开放、包容的心态才能懂得妥协，才能够容忍能人的缺点，允许下属犯错误，否则，没法留住那些顶尖的人才。

第四，未来的企业要么构建生态，要么加入生态；要么构建平台，要么被平台化。因此，企业的领导团队必须要有生态并生的战略思维，否则，很难融入整个社会化协作体系中。

第五，未来组织扁平化，要求企业的领导团队能够分享、赋能，而不能独揽权力、独享利益。

第六，企业的领导团队要越来越强调自我批判和自我超越。企业要打造一个面向未来的领导团队，没有一个面向未来的领导团队，企业难以抓住这一轮经济发展带来的机遇。

2. 六大新领导力

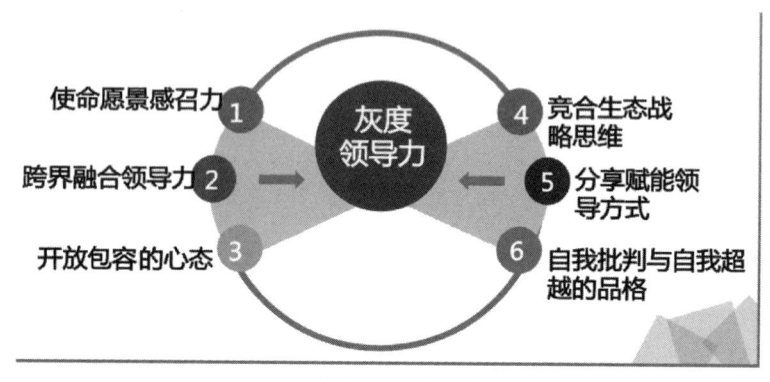

数字时代的六大新领导力

一是使命愿景感召力。未来的领导者一定要洞见未来、看清方向，成为企业的一盏明灯。过去企业的领导团队只要"埋头种地"就可以了，现在企业的领导团队一定要抬头看方向，一定要认同企业的价值观，认同企业的目标追求。

共同的使命愿景，能够牵引企业朝着正确的方向发展。为什么雷军提出选人比培养人更重要？其实就是强调要选志同道合的人。而华为在招聘大学毕业生后要进行文化和价值观的培训，强调"力出一孔，利出一孔"。这是两条道路：一条道路是选志同道合的人，让适合这种文化的人走进来、不适合这种文化的人离开。另一条道路就是培训，让员工认同企业的文化。联想"入模子"也是这样，就是强调文化和价值观的引领作用。

第 7 章　重新定义领导、组织与人

二是跨界融合的领导力。在跨界、破界的生态思维下，在知识结构、人才结构、技能方面都需要跨界。企业的领导团队必须要有综合素质和综合能力，就像美军一个混成旅的旅长，必须曾在空军、海军、陆军履职，具有综合素质及跨界融合的综合技能。在某种意义上，企业的领导团队成员要在各种岗位上历练过，"修炼"跨界融合的综合技能。

三是开放包容的心态。只有开放包容，才能让全球人才为我所用，才能吸引比自己更能干的人；只有开放包容，才懂得妥协，容忍别人的缺点，允许别人犯错误，允许创新性的失败。所以，对于一个企业来讲，最重要的是要选拔一批具有开放、包容心态的员工进入高层管理团队。过去企业的思维就是单一的竞争思维，在进入生态战略时代后，企业必须学会与别人合作，既要竞争，又要合作。这种竞合的生态思维，也是企业的领导团队所必须具备的。

四是竞合生态战略思维。"竞合生态"思维是这个时代的企业家及其领导团队必须具备的战略新思维。"竞合生态"战略思维的核心内容是以下几点：（1）以满足顾客需求为导向，通过产品技术创新，拓展企业战略成长空间，超越竞争对手，寻求增长；（2）通过商业模式创新（创新客户价值、重构客户价值）构建新的商业生态系统，以连接、交互更多的资源，集聚更多的能量，形成战略成长的新势能与发展平台，寻求裂变式与聚变式新增长；（3）通过产业资本与金融资本的融合创新，实体经济与虚拟经济的上下圆润融合，产业与产业之间、企业与企业之间、各相关利益体之间跨界融合，形成全新的商业生态族群或社群，构建商业共生体新空间，形成多维战略发展空间，从而突破战略成长边界，实现超常成长；（4）通过内在的组织变革、管理机制与制度创新来激发组织活力，释放人的价值创造

潜能，进而实现组织与人的价值新增长。

五是分享赋能领导方式。当人力资本成为价值创造的驱动力时，人才的核心需求是参与剩余价值分享、参与企业经营权力的分享：前一个是权力的分享，后一个是利润的分享。这时候企业必须建立分享赋能的领导方式。领导团队不但要能正确地决策和指挥，更重要的是要能为下属、一线员工提供支持和帮助，即基于价值创造，创造价值，成就他人，为相关利益者赋能，为员工赋能。

构建分享赋能的领导方式，一是要求组织构建赋能的平台，二是强调领导的功能就是赋能，领导要去威权化，转型为"愿景型领导""赋能型领导"。

六是自我批判与自我突破的品格。从工业文明时代到智能文明时代，包含企业家在内的中国企业领导团队需要进行自我革命、自我批判，要走出过去的经验曲线。只有企业家与领导团队实现了自我批判、自我超越，才能真正激发企业的变革与创新精神；只有企业家与领导团队自我批判、自我超越，才能突破企业成长的天花板。善于学习、勇于自我批判，这是企业家最优秀的品质。只有善于学习，勇于自我批判，才能不断实现自我超越、自我突破，才能真正不断进行创新，突破企业成长的瓶颈。

XK集团的董事长张先生就是具有自我批判精神的企业家，前不久，他带着XK集团高层领导来和我一起讨论XK的"汽车新制造"构想。他提出：XK集团的领导班子要以从头开始创业的精神和态度，思考未来如何发展；对照"汽车新制造"，思考企业现在的能力有什么问题等。这个过程就是企业领导团队自我超越、自我批判、集体学习、集体认知提升的过程。

企业家的自我超越与领导力的开发将是人力资源管理的一项核心工作。

过去人力资源管理只针对员工，但企业最大的人力资本其实是企业家、企业领导团队。人力资源部门也要思考如何管理，如何让组织也为他们赋能，帮助他们为企业创造最大价值。

7.3 转变绩效指挥棒，构建人才生态

1. 转变绩效指挥棒

如果中国未来要真正实现创新与人才驱动，实现动能转换，中国整个的绩效体系必须要变，绩效价值导向必须要变革。

从国家的角度不能单一追求 GDP，而是要追求有效成长。企业不能追求单一的规模导向，而是要追求有质量的成长。

从企业的角度来讲，中国企业不能单一地追求规模，要建立新的绩效价值评价指标体系。2018 年"华夏基石"与中国企业联合协会合作推出了"世界一流企业六大新绩效标准"。通过新的绩效价值指标体系的引领，提高中国企业对人才、技术、管理的投入，引导中国企业不仅仅是追求规模。

（1）产品与服务的国际竞争力。由两个二级指标构成：1）主营业务地位（收入、市场份额）；2）行业话语权（国际标准制定、管理最优实践成为行业标杆）。

（2）领先的技术与创新能力。由三个二级指标构成：1）研发费用投入占比；2）发明专利数；3）新产品产值率。

（3）品牌国际影响力与品牌价值。由两个二级指标构成：1）国际知名品牌数；2）品牌价值。

（4）国际化程度和全球资源整合与配置力。由两个二级指标构成：1）国际化指数；2）全球资源配置力。

（5）经济规模和盈利水平。由两个二级指标构成：1）营业收入；2）净资产收益率。

（6）社会责任与社会信誉。包括：1）合规、守法；2）环保、员工权益保障、无重大负面事件。

2. 用生态化思维构建组织平台

数字经济时代，人力资源管理必须具有开放性，不求人才为我所有，但求人才为我所用；不求资本为我所有，但求资本为我所用。在企业内部，整个用人机制要打破部门界限，从所有思维走向使用思维。过去人才要归我所有，现在是人才归我所用。在企业外部，要构建全球人才整合平台，使全球人才为我所用。这是海尔和很多企业的做法。

同时要构建人才生态，因企业的生态来自人才的生态。如小米公司把生态主放到平台上，筛选志同道合的生态主，同时生态主进来以后通过生态的连接，使一批有资金、有创业精神的人加入整个产业生态体系。又如温氏旗下的 56 000 个家庭农场，基本上都不属于温氏，但是它们都进入了温氏管理体系。这种机制使 56 000 个具有创业精神的人、能当农场主的人都可以利用温氏平台。这就是生态化、平台化的人力资源管理思维。

未来的人力资源管理创新一定是与企业的组织变革结合在一起的，也就是说，人的发展与组织的发展必须同步。在过去，人是完全跟着组织走的；在未来，组织与人之间、人的发展和组织的发展是融为一体的。在过去，人才的发展与人力资源的管理是分离的；在未来，人才的发展与人力资源的管理是相互融合的。所以笔者提出未来的组织变革要有"五个去"，未来平台的经营与组织管理要走向生态化治理、分布式经营、平台化管理，并遵守"48字方针"。

第 7 章 重新定义领导、组织与人

3. 人才持续激活

人才持续激活要始终作为人力资源管理的核心命题。持续激活，以奋斗者为本，以客户为中心。本质上，华为的"以奋斗者为本，以客户为中心，持续艰苦奋斗"是普适价值观，适合所有的企业。华为通过机制、制度使"以客户为中心，以奋斗者为本"落地了。

一个组织要有竞争力、战斗力，就要持续激活，就要把没有能力的人淘汰掉，对不思进取的人要激发其奋斗精神。这样，整个组织就不会出现"热寂"。华为从 1995 年到现在，唯一没有变的就是持续激活，就是小熵理论、热力学第二定律，防止组织的熵增，防止个人的熵增。组织不能固化，业务不能固化，流程不能固化。组织必须要创新，个人就不能追求安逸，不能懈怠，要持续奋斗。

激活人才分为两方面：第一是尊重人才、尊重个性，信任人才、激活人才；第二是要给人才以适度压力，让人才有紧张感。尊重人才，是要充分挖掘其内在的潜能，充分发挥人才的个性；同时组织要包容人的个性、缺点，允许失败，但是不能容忍无能，不能容忍惰怠，不能容忍不作为。

4. 薪酬激励要走向多元化

物质激励和精神激励是一体两面，但还是要强调全面薪酬激励。虽然针对不同的个人要有不同的激励方式，要分层分类、拉开差距，但是还要全面认可激励，把物质激励和精神激励高度融合在一起。未来的薪酬激励要走向利益的共享、分享，价值的共创、共享；走向全面认可。除了物质激励以外，保留和激励核心人才还有其他一些关键要素，我总结了 12 个要素（见下图）。

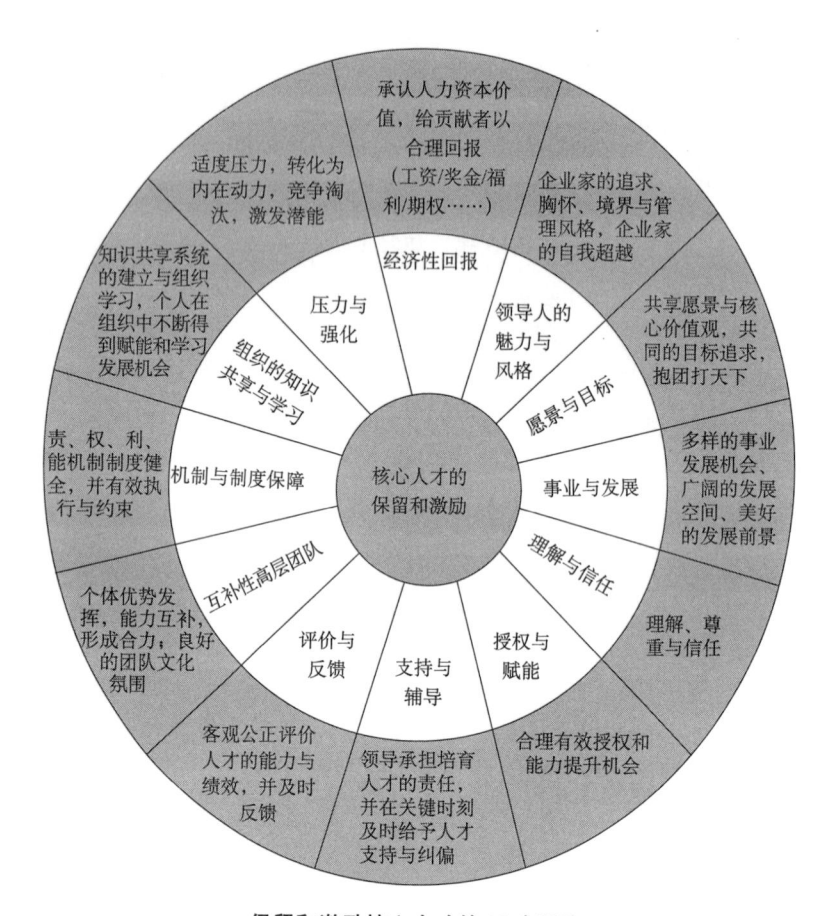

保留和激励核心人才的 12 个要素

来源：彭剑锋主编：《人力资源管理概论》，3版，上海，复旦大学出版社，2018。

关于薪酬激励，需要强调的是：薪酬激励既要与组织的竞争能力挂钩，即通过市场定价来指导企业的薪酬决策，也要将满足员工的内在需求作为薪酬设计的基本原则。但现在薪酬政策有走偏的趋势——变成完全基于个人需求。一些创业企业在融资阶段，为大量招收成熟人才，采取无序竞争的方法，让应聘方自己报薪酬。这是扰乱劳动力市场的行为，而且也打乱了薪酬的基本定位。经济学讲究教育成本及市场的价格，所以确定薪酬的时候，薪酬要具有领先性和市场竞争性；在管理学上，尤其是预算管理方面，薪酬的确定更多的是基于员工的内在需求。笔者认为，合理的薪酬要兼顾二者，既要兼顾薪酬的市场竞争力，同时又要关注员工本身的需求。

薪酬激励要素也是多元化的，薪酬策略本身既要基于外部竞争，又要基于内部的公平。薪酬的激励要拉开差距，要能激活人才，还要以评价体系为核心。在某种意义上，激活在企业层面更多的是机制的问题，薪酬激励是具体的制度、政策。

头脑风暴

关于薪酬的不同视角[①]

不同学科的学者对薪酬展开研究时，采取的视角往往存在差异，如经济学视角、心理学视角以及管理学视角等。

（1）经济学视角。

从经济学视角来研究薪酬，主要是将薪酬看作是一种交易价格，即薪酬是雇员与雇主之间的价格交换。因此，确定薪酬的关键是保持交易的公平性。在劳动经济学中，研究薪酬在劳动力市场上的决定作用时主要有两种理论依据：一是劳动力市场的供求均衡理论，二是人力资本理论。

（2）心理学视角。

从心理学视角来研究企业的薪酬问题，主要是将薪酬作为一种满足员工内在需求的手段和要素，以激发员工的工作积极性和主动性，从个体层面提高员工的工作绩效。在心理学的激励理论中，对薪酬设计和薪酬管理颇具影响的理论为斯达西·亚当斯（Stacey Adams）的公平理论。

[①] 参见彭剑锋主编：《人力资源管理概论》，3版，上海，复旦大学出版社，2018。

(3) 管理学视角。

作为一种较新的思考企业薪酬问题的视角，管理学视角把薪酬看作将个人目标与组织目标融为一体的内在激励，认为薪酬是吸引、留住、激励企业所需人才的核心要素，更关注薪酬管理对企业战略目标的支撑，即通过薪酬激励、吸引、留住企业所需要的核心人才，并使员工的行为、态度及能力发展符合企业战略的要求，因此，薪酬是获得企业竞争优势的一种工具。

7.4　全面提高人力资源管理效能

1. 全面提升人力资源管理效能，首先需要人力资源部职能转型

人力资源部的职能要上升、职责要下沉。职能上升是指要上升到战略，上升到业务增长，上升到员工发展；职责下沉是指要把人力资源的权力放下去，放到自主经营体中。未来人力资源管理的变革方向是战略化、平台化。COE服务于战略，平台（SSC）服务于员工，HRBP下沉到业务。中国企业的人力资源要定位为服务于企业的数字化转型战略和平台化管理要求。只有走向数字化，基于数字化管理的决策能力，才能满足员工的个性化的需求。

今天在互联网、大数据与智能化的时代背景下，仍然要强调人力资源效能管理的几个核心要点：一是要提高个体价值创造的能力；二是要提高人力资源对企业增长的贡献度；三是提高人均效能。当前，劳动力成本不断上涨，如果效能不提升，企业的利润就会被侵蚀，但如果不涨工资，就不能吸纳一流的人才，所以第一要提高人的价值创造能力，第二要提高人

第7章 重新定义领导、组织与人

均效能。

目前我们的人均效能与西方发达国家的相比，还处于低值，人力资源效能还有很大的提升空间。中国企业人才效能低下表现为以下几种现象：人浮于事，占着位置不作为；企业养了很多懒人、庸人和搭便车的人、不创造价值的人。企业需要回归到组织层面和机制、管理层面解决这些问题。为什么组织发展和人力资源管理要结合在一起？因为组织没有一个好的机制、好的结构就会互相制造麻烦、产生内耗，而人才最怕的就是浪费。企业经营人才一定是第一位的，管理是第二位的。

人力资源管理的核心使命最后还是要回归到让每个人成为价值创造者，让每个人都有价值。让每个人成为价值创造者，就是要建立竞争淘汰机制，淘汰那些不能为组织创造价值的人；就是要精简组织、减员增效，激活个体，让每个人有价值、高效率地工作，使企业像一潭活水那样保持新陈代谢，否则就会成为一潭死水。

2. 人力资源效能管理十条

中国企业发展到现在，已进入效能管理时代。效能管理时代的特征主要体现为以下十个方面。

(1) 客户价值量化人力资源价值创造，驱动员工真正走向自主经营与管理。作为企业来讲，最主要的是进行人力资源价值创造的量化管理，使每个员工成为价值的创造者。我们经常看到企业物料的浪费，其实企业最大的浪费是人力资源浪费，人力资源的浪费是不创造价值的浪费。人力资源的浪费有显性浪费和隐性浪费，如果能找出显性浪费和隐性浪费，就能让员工有价值地工作。

(2) 回归科学管理与职业化、剔除人力资源浪费，让员工有价值地工作。如果一个企业的分公司总经理，每天的时间分配是，第一，应付集团总部各种检查；第二，参加各种无效的会议；第三，参加各种培训；第四，参加各种应酬，所花费的时间占这个经理的总的工作时间的65%，而真正做业务、带队伍的时间只有不到35%，那么这就是一种人力资源浪费。所以笔者就提出要剔除人力资源浪费，让员工有价值地工作，因为这是人力资源管理的核心。

（3）优化人力资源的宏观配置。过去讲人力资源配置是指一个单一岗位对一个单一岗位的有效配置，现在讲人力资源配置是指对职位体系和胜任能力的系统的宏观的、有效的动态配置。这就需要企业在宏观层面上根据自己的业务模式要求、流程要求，建立标准职位管理体系与胜任力管理系统，这是整个人力资源管理提高效能的两大支柱。

（4）对员工的碎片时间有效集成管理，挖掘碎片时间的人力资源价值创造能量，激励员工利用碎片时间参与企业微创新与持续改善的活动。对于个人来讲，碎片时间不少，比如上下班时在路上堵车所耗费的时间，工作项目替换过程之中的空闲时间。如何让员工利用碎片时间参与管理，参与微创新，也是人力资源管理很重要的一部分。

（5）建立全面认可激励体系，激发员工内在的价值创造潜能，全面提升人力资源的价值创造能量。过去，企业主要侧重外激励，而现在的"80后"、"90后"员工更看重内在的激励。内在激励形式有一种主要叫全力认可激励、随时随地全面认可激励：只要员工做了对客户、对企业、对员工自己能力发展有利的事情，企业就可以对员工进行随时随地的、全面的认可激励。

（6）构建信息化的知识共享与协同体系，提升人力资源的效能。一个

第 7 章　重新定义领导、组织与人

员工的能力要提升，需要得到组织的支持、得到组织的信任。一个企业最重要的作用是让平凡的人做不平凡的事，让每一个员工的能力超水平发挥。如何让每一个员工做到将能力超水平发挥？除了背后的人力资源管理机制、制度外，很重要的是建立知识共享、协同体系，让员工借助公司的知识平台与协同平台，快速提升自己的能力，迅速融入组织，同时又提升人力资源效能。中国企业，尤其是高科技企业，发展到现在，已进入知识管理阶段，要提高企业内部的知识共享，要做到个人知识公司化，要把隐性知识显性化，建立知识共享平台来放大每个人的能力，实现员工之间的协同与合作。

（7）构建人力资源效能对标管理体系，加速人力资源效能提升。通过对标管理缩小中国企业和世界企业的差距。

（8）建立人力资源共享平台与人力资源外包服务体系，不求人才为我所有，但求人才为我所用。对于企业来说，最关键的不是拥有人才，而是使用人才，所以企业不再是简单地以人为本，而是以用人为本。我们可以通过外包、策略联盟合作的方式来整合人才。

（9）建立全面人才发展体系，为组织源源不断地提供有效的人力资源。关于企业人才的经营有三种，一种叫经营知识，另一种叫经营能力，还有一种叫经营心理资本。经营知识主要是知识管理；经营能力是指企业要构造全面的人才发展体系，真正地通过能力建设去支撑一个企业的战略与业务；经营心理资本是指提高员工的泰勒指数，提高员工的满意度。

（10）建立人力资源效能评价指标体系，提升人力资源效能管理绩效。

第 8 章

事业合伙机制与未来新型组织

> 事业合伙制是一种真正回归到人本、回归到价值的机制制度。事业合伙制是一种全新的商业文明,是一种新的公司治理,是一种事业成长的内在战略性动力机制,是一种新的人才动力机制。
>
> ——彭剑锋

8.1 企业战略性新动力机制:事业合伙制

前面我们分析过,企业经营的三大核心要素——战略、组织、人,在数字化、智能化时代都在发生变化。

所有的变化,无论是战略新思维、组织变革,还是组织与人的关系变化,都是为了快速响应消费者的需求,也就是说,最底层的变化是需求变了。在这个时代,需求的内涵也在变化,不仅是需求的满足,还要引导和超越需求。苹果手机就启发了消费者的需求,创造了需求,这就是需求的引导。需求也不限于物质的需求,还包括精神的需求。消费升级的大趋势就是从追求物质幸福走向追求精神幸福。

第 8 章　事业合伙机制与未来新型组织

基于这样的大背景，事业合伙制应运而生。事业合伙制是一种真正回归到人本、回归到价值的机制/制度。事业合伙制是一种全新的商业文明，是一种新的公司治理，是一种事业成长的内在战略性动力机制，是一种新的人才动力机制。

1. 事业合伙制是创新和人才驱动发展的战略需求

经过近十年经济增长结构性转型发展，中国社会经济已切实进入创新驱动、人才驱动的新发展阶段，进入了品质发展时期，从资源驱动切实转变为创新驱动、人才驱动。

创新驱动、人才驱动发展的背后，实质上是创新性人才和创业者。企业就必须找到一种战略动力机制，鼓励创新创业，使知识创新者能脱颖而出、创业者能开拓奋斗。也可以说，在经济社会发展进入新的发展阶段后，企业建立新的竞争优势、谋求突破性成长的关键，在于能否创造一种长期的战略动力机制和激励机制，而事业合伙制正是一种长期的战略动力机制。

事业合伙制对于吸引、激励、培养和保留创新性人才，对于激发企业内部的创新创业激情，是最好的一种制度安排。事业合伙制的对象主要是两种人：创新者和具有企业家精神的创业者即准企业家。笔者一直强调，事业合伙制不是普惠制，不可能针对企业所有的人员。吴春波老师的观点和笔者的观点有些不同，他认为，华为那种分层分类的激励才最有效。

激励的确要分层分类地差异化激励，但事业合伙制是针对企业中具有创新精神与创新能力的人、具有企业家精神的创业者，是一种长期激励机制。

现在及未来我们所处的时代是互联网时代，企业须具有产业生态思维，具体而言，从战略长度来讲，就是要走出过去的经验曲线；从战略宽度来讲，必须要跨界融合；从战略深度来讲，必须站在全球化的角度整合人才。这就是我们所讲的生态战略。

事业合伙制是实现生态战略的有效机制：第一，可以全球整合人才，在全球整合创新型人才、具有企业家精神的人才，使全球人才为我所用。第二，打破组织边界。事业合伙制下可以有渠道合伙人、产业生态合伙人，所以合伙制并不局限于本企业，也是一种打通上下游、破界整合资源的一种制度安排。第三，有利于产业生态的形成。通过跨界合作，通过合伙制，企业可连接更多的资源。

企业实行事业合伙制这种针对创新创业者的内部战略性动力机制安排，首先要选对合伙人，选对人可能比培养人更重要。企业要辨别真正的创新创业者：要么是具有创新创业精神，能去开拓一番事业、独立承担经营责任的人，要么是具有创新意识和创新潜能的人。产品创新、机制创新都是创新，能从0到1，把产品设计出来，或者从1到100，能够开拓一个市场，独立承担市场的经营责任的准企业家，都是企业要找的事业合伙人。

2. 事业合伙制适应组织变革平台化＋自主经营体的大趋势

从组织层面来讲，现在的趋势是平台化＋自主经营体的组织模式。事业合伙制与组织平台化＋自主经营体的组织变革密切相关：它不仅适合内部的创新创业，也适合外部的连接资源，通过事业合伙制可能连接更多的创业者、小微企业。

事业合伙制可以使在企业内部形成的不同形式的人才聚合体围绕共同的目标运行，实际上在企业内不仅经营是分布式的，人才也是分布式的，它不再是以一个人为中心来进行组织，而是采去中心化的分布式、多中心。

第8章　事业合伙机制与未来新型组织

像海尔的人单合一的自主经营体，温氏的5.6万个农场，韩都衣舍的几百个小组组长，每个分布式经营体的责任承担者就是事业合伙人。也就是说在平台化＋自主经营体这种组织模式下，平台更多的是赋能、提供支持帮助，每个分布式的自主经营体的责任人就是一个合伙人。

这种平台化＋自主经营体平台看上去很多东西是散的，实际上它的内部是密切相关、相依相生的，因为它是多元战略选择、平台化组织、分布式生产，所以需要通过连接更多的企业家和创业者来形成生态。

这种生态型组织，典型的如苹果公司，从0到1的事它几乎不做，而是把那些初创企业、小微企业连接进生态，把它们的创新技术和创新产品通过平台的放大效应，把它从1做到100、1 000。实际上它就是通过连接创新性的人才来构建生态的。国内的怡亚通通过加盟店、温氏通过合伙农场、小米通过品牌和投资，实际上把具有企业家精神的人聚合在一起，真正实现了公司治理的相关利益者共担、共创、共享。

平台化＋自主经营体的生态型组织通过人才的动力机制，可突破国界、行业、企业的边界，真正实现跨界的连接。人才也走向了跨界的连接，通过连接人才来连接生态。

3. 事业合伙制适应数字化时代回归价值、人是核心的趋势

数字经济时代最核心的特征是，更强调人是价值创造的主体，更需要调动人的内在潜能，激发人创新创业的激情，真正回归到人本主义，真正回归到人的价值。

事业合伙制恰恰是激发人的创新创造潜能、回归人的价值最重要的体现，因为事业合伙制本质上是一种"智合"，合伙人可参与权利的分享：第一是分享剩余价值所有权，第二是对企业的经营决策有话语权。海尔搞自主经营体是基于"人是目的不是工具",人最重要的是尊严、成就感,而事业合伙制是真正激发人的价值创造,呼唤创新创业精神,承认人的价值,给人的价值以回报的最好的方式。事业合伙制通过"智合"与"资合"的连接,让个体融入组织、融入共同的事业中;并在平台上聚合和放大每个个体的价值,也让个体得到充分的尊重、获得成就感。

8.2　以事业合伙制重构组织与人的关系

在时代变化背景下,中国企业转型升级,迈入品质发展时代。基于从资本驱动型转变为人力资本主导的创新驱动,企业与人之间的关系就不再是简单的雇佣关系,而是货币资本与人力资本的相互雇佣关系。在这种大趋势下,事业合伙机制适应了企业建立长期的动力机制的需求,是企业激发人才动力的一种必然选择。

事业合伙机制将重构组织与人的关系。

第一,未来的组织形态将是"平台化+分布式",因为有了互联网,有了连接。过去的组织结构是垂直的,是单一中心制,现在是多中心制。合伙制就特别适合多中心制,因为它是以人力资本为纽带,集聚一批创新创业者,在共同的价值观下,寻求事业的发展。

第二,组织正在从威权走向相互赋能、相互成就。合伙制的前提就是共同事业、共同理想,合伙制的核心就是"利他取势"的文化——通过成就别人来获得更多的资源,获得更大的事业发展平台,形成新的势能和能量场。合伙制是一种利他文化,成就别人,最终还是成就自己,成就整个组织;合伙制又是一种相互赋能的文化,它不是单一赋能,而是相互形成"量子纠缠",通过"量子式纠缠"形成能量场。所以组织和人的关系就从

第 8 章 事业合伙机制与未来新型组织

雇佣走向相互雇佣、相互赋能，同时通过"利他"形成新的势能。

第三，事业合伙制秉持的"价值核算、增量分享"的理念能满足激活个体、共创共享的组织新要求。过去，要激活个体的价值创造激情、共创共享，如果没有合理的价值核算、价值分配作为基础，就很难落到企业的运营实践中。换句话说，组织要实现企业与个人的共创共享，就要基于价值创造、基于价值核算：个人创造多少价值、通过合作带来多大的价值，都是可以核算出来的，真正付出和创造价值的人不吃亏，占着位子不作为、不创造价值的人混不下去。这样，才能将"共创共享"、个体价值和总体价值整合到一起。

第四，基于事业合伙制才能真正实现组织的平台化管理、分布式经营。合伙制式的组织一定是强调人力资本驱动、创新驱动的；合伙制企业一定是开放式的人才系统，让天下人才为我所用，从而构建一个以人力资本为纽带的相互赋能、利他取势的事业发展平台，让个体的能量在组织平台上得到实现和放大。所以，只有基于事业合伙制，才能构建以人力资本驱动价值创造的平台化组织，才能实现组织与人的共生关系。

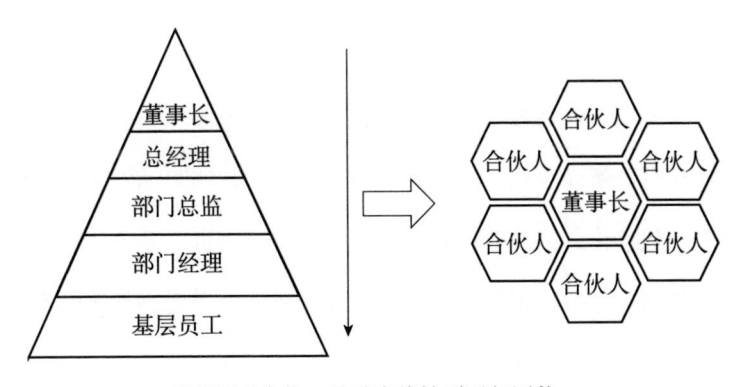

从雇佣到合作，从垂直线性到平行网状

8.3 未来组织的"48字方针"

这几年，笔者研究了二十多家企业在互联网时代的组织与管理探索，发现他们呈现平台化经营、分布式前端（项目、自主经营体）和生态化的组织模式。笔者将之归结为未来组织的48字方针。未来的平台化经营与组织管理模式，笔者认为离不开这48个字。

1. 生态布局，网状结构

在战略上，企业必须要有生态的战略思维、生态的业务布局，对平台化与生态有长远的战略意识、足够的战略耐心与战略定力，同时，通过变革，打破科层制组织的垂直结构，代之以扁平化的网状组织结构，组织不再封闭，而是开放合作，和客户、外部生态之间融合构建生态优势。

整个组织的结构体系，不再是一种垂直结构——指挥命令系统一统到底，而是一种串联和并联交织在一起的网状结构，是多头的、多中心并行的、交织的网状型结构。

2. 数据驱动，平台管理

在生态布局和网状结构的组织中，组织的有效运行必须有两个基础条件：

第一个基础条件是数据驱动。没有数据驱动就谈不上生态布局以及网状结构的运行，所以企业必须要实现数据驱动。数据驱动不仅仅是信息数字化、业务数字化，更需要企业在经营管理模式上进行数字化转型。整个企业内部的运行不再是根据上级指令，而是依据消费者需求端所产生的市场和任务所转化的业务数据。

第二个基础条件是管理的平台化。有了数据驱动，组织就可以构建管控与赋能平台，向一线配置资源并赋能，为一线打仗提供空中支持，提供

第 8 章 事业合伙机制与未来新型组织

好的枪支弹药，提供充足和及时的粮草，从而提高一线的综合作战能力。

3. 责任下沉，权力下放

有了数据和平台做保障，经营责任就可以往下沉，而不是往上推，组织中"端"对"端"都在承担经营责任。企业一定要建立责任共担体系，在责任共担的同时，还要做到权力下放。没有责任下沉、权力下放，就谈不上自主经营，就谈不上分布式经营与管理。

4. 领导赋能，自动协同

领导不再是威权化领导，一定是愿景＋赋能式的领导。愿景使全员对应目标，用规范化、体系化取代领导化。领导的角色转变为对整个组织建立标准、规范、体系、机制负责，确保整个体系的运转和优化。这就需要组织在扁平化、中间层消减以后，真正走向赋能式领导、愿景型领导。

最重要的是内部任务要市场化。企业内部，基于数据进行资源（包括资金资源、人才资源）的配置，企业内部的任务将来一定是市场化交易。也就是说，各个经营作战单元和平台之间的关系主要是市场化交易关系：一是内部任务可以市场化交易，二是内部任务也可以外包化。前提条件是建立内部的任务市场交易体系。

5. 独立核算，自主经营

没有独立核算体系，就谈不上分布式或自主经营。企业内部必须建立独立核算体系，重构财务核算系统。只有这样，才能做到内部任务市场依据标准、依据模块，真正实现任务市场的交易。依据任务市场的市场化交易来组合人才、整合资源。未来企业没有那么多职能部门、没有那么多领导，所有的职能部门都是动态化的、模块化的、标准化的、插件化的，依据任务市场来形成新的机构和新的人才组合，其前提条件就是独立核算，自主经营。

6. 共识共担，共创共享

企业的整个机制必须建立在合伙机制的基础之上，建立在共识共担、共创共享机制的基础之上。所谓共识就是共享愿景与目标；所谓共担就是共担风险与共治责任；所谓共创就是发挥个体优势，团队协同创造价值，依据价值贡献分享企业剩余。

头脑风暴

华夏基石事业合伙制价值主张

在多年合伙制公司实践基础上，结合咨询案例研究，华夏基石管理咨询公司提出了中国企业事业合伙制的新价值主张，即企业突破性成长的32字方针：志同道合，利他取势；共担共创，增量分享；相互赋能，自动协同；价值核算，动态进退。

1. 志同道合的"志"与"道"

(1) "志"有两个层面的含义。

第一，"志"是指激情、理想、追求、抱负。有理想、有追求、有使命感的人能够自驱动、自我管理，能够全身心投入事业。

第二，"志"是指追求目标。这是讲目标追求的契合度，要有共享的事业目标，对产业、事业有共同的理解。

既要"志合"也要"共志"。合伙制是一种自驱动管理机制，有理想、有追求、有抱负、有事业激情的人，他受使命驱动，充满了奋斗激情和奋斗精神。为什么说事业合伙制的组织可能不需要权威型领导？就是因为合格的事业合伙人他本来就有自我驱动、自我领导能力。"共志"，即对未来

第8章 事业合伙机制与未来新型组织

的事业有共同的认知,有共识。如果各有各的价值主张、各有各的追求那就没法"志同"。

(2)"道"也有两个层次的含义。

第一,"道"是共享的价值观。大家的价值取向是一样的,能够共同遵守自己的核心价值体系,这就是有共同的价值观。大家的价值观上是一致的,价值取向是一致的,就可以减少内部的交易成本。

有了共享的价值观,企业才会有战略定力,才能够坚守。事业合伙制不是一种机会主义动力机制,而是长期的动力机制,需要大家有足够的战略耐心,需要合伙人有长期的战略思维,要有战略定力。有了共享的价值观、共同坚守的价值观体系,企业的领导团队就会有战略定力,遇到困难,遇到挫折,就会不抛弃、不放弃。

第二,"道"是共同的规则和经营的道德底线。事业合伙制是一种新的制度体系、新的规则体系,所谓"始于信任,守于规则"。一方面,大家能够遵守规则、认同规则;另一方面,大家能守住企业经营的底线。

现在为什么会出现那么多的不安全、不环保、不健康的产品?还是因为很多企业没有经营的道德底线。真正的合伙制企业是要有经营底线的。事业合伙制之所以能适应需求升级、品质消费的时代,就是因为合伙制的企业有共同的规则,能够守住经营的道德底线。

华夏基石所主张的事业合伙制,除了彼此之间有共同坚守的价值观,还要把彼此之间的信任作为基石。这种信任是建立在共享的目标追求,共享的价值观的基础之上的。

本质意义上讲,事业合伙制的基石就是文化文化认同、文化契合。文化没有对错之分,只有适合不适合。华夏基石聚集的是一批有共同的价值观和共同的道德底线，但也崇尚个性、不惧竞争，能独立思考和独立经营的人。

华夏基石事业合伙制强调守住道德底线，我们总结为四句话：守住底线，抵御诱惑；控制欲望，把握节奏。"控制欲望，掌控节奏"，是说要有节奏地释放欲望，而不是说让人消灭欲望。人不可能没欲望，没有欲望，事业就做不成。要有冲动、要有激情，但是到了关键时刻要懂得刹车，一定要有刹车的地方。所以说就要掌控节奏，节奏是很重要的。很多人之所以在"弯道超车"的时候翻车，就是因为节奏没掌握好。企业成长最重要的是节奏，就是吴春波老师说的"不着急，等得及"。现在很多出问题的中国企业，追根究底会发现都是太着急、等不及导致的。

2. 利他取势的"利他"与"取势"

（1）什么叫"利他"。

"利他"来自产业生态思维，具有两个层次的含义。

第一个层次的"利他"不是简单地指让利、取利或者施舍利益。而是指成就他人。

成就他人，就是成就各相关利益者。第一是成就人才，事业合伙制为人才和事业追求提供广泛的发展舞台。第二是成就客户，要为客户创造价值，实际上是要通过产品与服务实现客户价值。第三是成就合作伙伴。第四是要成就股东价值，实现股东价值的最大化。"利他"不是不讲利润，它也要实现股东的价值，不过不以股东价值为先，而是强调股东价值的获得要基于成就相关利益者，具有劣后性。这四个成就是一种相互成就。为人才创造价值，为客户创造价值，为股东创造价值，这个基点是不变的。这种价值的创造是建立在成就人才、成就客户、成就股东、成就合作伙伴，形成生态的基础上的。

第8章 事业合伙机制与未来新型组织

第二个层次的"利他"是赋能。"利他"是一种能量的聚集,这个"利"不光是利益,不是简单的一种求利。利益当然是很重要的,我们不否定利益,但是华夏基石事业合伙制所主张的"利他"首先是成就他人,成就合作伙伴,创造价值。一定是基于价值创造,创造价值,成就他人。要为相关利益者赋能、为员工赋能,整个组织一定要构建赋能的平台。

"利他"强调平台化赋能,能够使一线合伙人从平台上呼唤炮火。合伙人在这个平台上能得到赋能,如品牌的赋能、能力的赋能、知识的赋能。平台是合伙人能力的助推器、价值的放大器。离开这个平台合伙人自己单打独斗就干不成什么事。这就是平台化+合伙制的妙处。

(2)什么叫"取势"?

"取势"的核心是能量的聚集,通过数字化、互联网连接,小的力量聚集,可以产生大的能量场。这也是"取势"的第一层含义。在数字化时代、大连接时代、人工智能时代,可以把小能量、个体能量连接到一起,形成大的势能。"取势"首先是合伙制所追求的核心的目标,是要实现巨大能量场,形成巨大的势能。这是一个企业整体竞争能力的源泉。这就是任正非所讲的"力出一孔,利出一孔"。通过志同道合,解决"力出一孔"的问题;通过"利他取势",解决的"利出一孔"的问题。

"取势"的第二层含义是相互赋能、相互借势,形成多中心的能量场;既强调平台化的能量,又强调每个分布式中心的能量的聚集。未来,通过"取势",组织首先实现裂变式的成长,可以有无数个中心。其次是组织实现聚变式成长。乐视、小米,都在追求生态"化反"。"取势"是要产生"化反","化反"其实就是通过生态连接,产生裂变效应和聚变效应。

未来,企业的成长思维,我认为很关键的就是"利他取势",在产业生态中相互成就，相互创造价值，相互赋能。"取势"就代表着互相、互动、交互。"取势"的核心是交互，是能量的一种交换，而交互的前提一定是开放。"利他取势"一定是建立在开放的基础上，在开放的前提下才能实现相互成就、相互赋能。

华为的小熵理论，其实就是一种"取势"，因为：第一，它强调开放，吸收能量，不能封闭。第二，它要求打破平衡。"取势"就是要吸收能量，打破平衡，组织要不断地打破平衡。

我一直在讲，要坚持与高手为伍、和高手过招，聚集正能量。这也是"取势"。

此外，"取势"还意味着企业不要追求短期利益，短期内企业可能让渡了利益，但是获取了长期持续发展的势能，这就是互联网的先让渡客户价值。华夏基石合伙制的价值主张是为互联网经济解决了一个哲学命题，即为什么互联网商业模式往往是先免费。互联网的免费思维就是先让渡客户价值，取得一定的流量以后，取得了一定的客户资源以后，再赚钱就是一个自然而然的过程。这里面的"取势"是要取大势舍小利，本质上是舍小利求人才大势、资源大势、市场大势，最终形成整体竞争能力。

需要强调的是，在合伙制的操作层面，"利他取势"其实有一个根本性的前提，就是合伙人团队一定是高能量个体的聚合体，说直白点就是每个人一定都是有自己独特的价值和核心能力，彼此旗鼓相当的，否则，难以"利他"，也难以"取势"。

3. 共担共创，增量分享

（1）合伙制的价值主张中最核心的就是共担风险。

首先，合伙人要担风险。没有风险意识就别当合伙人，当职业经理人

第8章 事业合伙机制与未来新型组织

就好了。担风险,除了担眼前的风险,还要抗未来的风险。

其次,合伙人要有责任担当。责任担当的含义就很多了,但对企业来说最核心的是经营责任,绩效就是最大的经营责任。除了经营责任,还有遇到困难不绕着走、直面问题的责任担当,变革创新的责任担当,改变自我的责任担当。改变自我的责任担当也很重要,因为人最怕的是没有自我批判精神,自我批判最能体现一个人的自信。人有自信就敢于批判自己,不怕他人超越自己。

"共担"是指共担风险、共担责任。共担风险中就是要能洞见未来,要有风险意识。共担责任首要的是共担经营责任,其次是共担解决问题的责任、创新变革的责任、自我完善的责任,以及培养人才、带队伍的团队责任,等等,现实中可根据业务情况、发展阶段进行细分。

"共创"的内涵之一是每个合伙人都是价值创造者,创造价值是合伙人在组织之中获得尊严、获得话语权、分享利益的基石。共创实质上是要带来企业的增长,这和后面的"增量分享"是有关系的。实际上合伙制产生的前提就是承认知识创新是企业价值创造的主导要素,合伙人得是一个价值创造者,不是价值创造者不能成为合伙人。

"共创"的另一个内涵是协同创造价值。合伙制除了要发挥每个人的价值创造的能量,把每个人价值创造的能量发挥到极致,还要强调协同产生价值。合伙制产生的思维是生态思维:共同创造生态价值,共同维护整个价值生态体系。

因此,"共创"还要强调有共同价值创造的平台,强调的是"共创"的一体化,平台是价值创造行动的协调一致者。当然,我们所讲的"共创"是要共同创造客户价值,共同创造企业价值,围绕价值的创造大家的行动是一致的。整个组织要形成一种竞相激发潜能、创造价值的组织生态。

(2) 怎么理解"增量分享"？

它的核心内涵是我们所讲的合伙制一定要带来组织的成长、客户价值和企业利润的增长。成长是合伙制的共同目标。如何实现企业的战略成长，如何为企业带来增量、带来价值，是合伙制的核心。价值增量包含几个层面的意思：要带来组织的价值增量，带来成长，带来增长；要为客户带来增量的价值；要为人才带来增量的价值；要为相关利益者带来增量。组织要实现裂变和聚变效应，实现"变道超车"，其核心就是实现企业的增量成长。

"分享"就是分享增量。华夏基石事业合伙制的特色之一就是强调增量分享而不是分享存量。换句话说，合伙制虽然是"利他取势"，但本质就是要实现增量的利润，没有增量利润的增长就没有分享，分享就失去了依据。合伙制的目标还是企业要有盈利能力，要提高企业的盈利能力。合伙人要分享增量的利润，前提是企业有持续的盈利能力，否则分享就失去了依据。而且盈利能力要持续地增强，利润就是价值增量。

增量，一个是要实现净资产的增长、资本的增长，另一个是要实现每年分到的钱，也就是分红。所谓"分享增量"，一个是分享资产的增量，因为资产的价值在增长，另一个就是分红。

当然，强调增量的同时也要激活存量，实现存量的价值要素的重构，通过价值要素的重构来实现存量资产的增值。另外，还要创造新的利润。这是两条路径：一个是在存量资产中激活存量、盘活存量，实现存量资产的价值增值；另一个是开拓新市场、开发新产品，通过创新寻找新的市场，创造企业新的成长，获取增量。为什么说合伙制特别适合指数型成长的组

第8章 事业合伙机制与未来新型组织

织?就是因为没有增量就没有分享的基础,而且增量必须是加速的,只有增量加速了才能给大家以希望。

从文化理念和规则体系来讲,华夏基石事业合伙制新价值主张是这16个字——志同道合,利他取势;共担共创,增量分享。那具体到运营层面,就是后面的16个字:相互赋能,自动协同;价值核算,动态进退。下面解析一下它们的内涵。

4. 相互赋能、自动协同

(1) 相互赋能。

"相互赋能"其实和"利他取势"是一脉相承的,是一种利他取势的文化价值取向。

"相互赋能"的第一要义是开放破界,这在"取势"部分我们已经谈了。在开放式的平台上,平台和人之间,人和人之间,能力的赋予都不是单向的,而是双向的、交互的。"赋能"一定意味着这几个关键词:开放、破界、交互。通过开放、破界产生交互,通过交互产生势能,产生新的价值。

在运营层面,"赋能"有这么几个层次的具体含义:一是组织要构建赋能的平台。二是领导要赋能,领导要去威权化。三是员工之间相互赋能。领导和被领导者之间,将来也是相互赋能的关系:它不是单向的赋能关系,而是双向的赋能关系;不是单向的串联关系,而是并联与串联形成的赋能的网状结构。

要强调的是,"赋能"不是被动地等待被赋能,而是主动地求助,发起合作。在组织当中,不是被动地等待别人给你赋能,而是主动地去求助,主动地呼唤"炮火",同时平台也要主动为前方"打仗"提供支持和服务。

在合伙制的组织体系中，人才一定要有求助的意识，不能孤军作战，不能是一座孤岛；不能单打独斗，而要联合作战。

（2）自动协同。

在合伙制下协同产生价值，因为相互赋能、利他取势。《平衡记分卡》的作者卡普兰和诺顿写了很多关于管理工具的书，其第四本书的谈到了如何运用平衡计分卡来创造企业合力，即组织协同，协同产生价值。阿里公司的曾鸣最近发表了一篇文章，叫《智能商业二十讲》。他在这篇文章中说，未来商业文明的DNA有两个螺旋：一个是网络协同，另一个是数据智能。什么叫未来企业的战略？就是在社会化网络协同体系中找到你的定位。未来的战略是在社会化高度协同体系之中，找准企业的战略定位。而推行事业合伙制，就是推行企业战略、生态战略的一个重要方法、手段，因为合伙制的核心内涵就是协同。

在操作层面，关于"协同"有几个关键点要把握：第一是主动创造、自动协同。第二是平行协同，不是威权协同，不是上级指挥命令。第三是点、线、面的系统协同。系统协同不是线性的，而是网状的，另外，系统协同需要精确的控制，没有神经中枢，就构不成系统，系统就崩溃了。

未来社会就是一个协同社会，在高度社会化协同体系中，协同产生价值。由此，所谓的企业的战略定位，就是企业要去思考在这个协同系统中自己能干什么、自己能贡献什么样的价值，这就决定了这个企业在协同网络中、在产业生态链中处于什么位置。

事业合伙人团队也是一个协同组织，而且是一个高能量个体的集合体。若你不是高能量个体，或者说你在团队中、事业中贡献不了高价值，那么你可能就不够格成为合伙人。这也是"自动协同"的一个前提，即合伙人

第8章　事业合伙机制与未来新型组织

一定是旗鼓相当的，一定都有各自的核心能力和价值，否则，能量输出就不对等，就没有办法协同。

个体是这样，企业也如此。在未来的社会化网络协同体系中，在产业生态中，一旦不能贡献与系统相匹配的能力和价值，企业就等于自行退出产业生态了。所以未来，从产业生态的角度来讲，第一是要强调跨产业协同的思维、跨行业协同的思维，跨团队、跨职能协同的思维。第二是强调自动协同、平行协同、系统协同。第三是协同价值来源于企业的能力，即企业能够提供什么价值、能够创造什么价值。

5. 价值核算、动态进退

（1）价值核算、动态进退是具体的制度、方法。

合伙制的核心就是独立核算，自主经营，独立承担经营责任。而独立承担经营责任的前提是建立核算体系，没有核算体系没法衡量每个人的价值创造，没法做到增量分享，没法做到公平公正。

整个价值管理的核心其实就是核算，就是评价。合伙制要重构一套价值管理体系，重构一套价值创造、价值评价、价值分配体系，其中的核心就是价值核算，没有价值核算就没法实现价值管理的有效循环。

价值核算包括绩效的价值核算，岗位与价值观的评估，经济效应的核算，等等，实践中可以量化为具体的指标。要强调的是：价值核算要做到客观公正，一定是数字驱动，用数字说话；用事实说话，用贡献说话，以贡献为导向，以结果为导向。

（2）"动态进退"是指整个合伙机制不可能是固化、僵化的体系，它一定是动态的、有活力的。

"动态进退"的关键点是：第一，不断引入新的合伙人。第二，要有退出机制。只有实现"动态进退",才能使整个合伙制充满生命力,充满价值创造的活力。

当然,要做到"动态进退",需要具备以下几个条件:第一,要建立"动态进退"的标准。第二,要有"动态进退"的流程和合法的程序。在中国很多企业的团队矛盾源于进退程序不合法,合伙人的进退程序必须要合法。第三,要有退出保障。要保障退出者的基本权益,要有合理的出路安排,要充分协商,不要直接把人"干掉",否则大家就都没有安全感了。

在"动态进退"中,设立分层退出机制比较关键,比如阿里公司的合伙人团队中有终身合伙人和荣誉合伙人:只有蔡崇信和马云是终身合伙人,不拿奖金的,只分享利润,可以永远不退出。荣誉合伙人在退出团队后可以进入荣誉堂,享受荣誉奖金。阿里公司的这个实践很有案例解析意义,其一些设计是很有借鉴意义的。

"动态进退"作为一个机制,一定要有一套标准、程序来评价、保障进退,而不能实行简单的进入或退出。

第四篇

经营者思维：顶层设计、系统化构建基于战略的高效管理体系

第 9 章

以经营者思维构建人力资源管理系统化解决方案

> 做企业是在经营客户、经营人才，经营客户最终也是经营人。人才经营的三个要素——知识管理、能力管理、心理资本经营管理，构成了人才经营的"铁三角"，即知识的经营、能力的经营、心理资本的经营。它与文化管理、企业内部的文化氛围密切相关，与企业的整个人力资源的产品与服务质量密切相关。
>
> ——彭剑锋

9.1 战略人力资源管理需要系统思考和顶层设计

人力资源问题的解决方案需要系统思考和顶层设计。前面也说过，"华为基本法"很重要的作用就是完成了华为人力资源的系统思考和顶层设计。本质上，"华为基本法"是围绕人来进行的，确定了企业价值创造的要素、组织、人才；主线是知识型员工、人的价值创造和价值评价体系。

经营者思维——赢在战略人力资源管理

1. 上升到经营和治理层面完成对人力资源的系统思考

过去，人力资源管理是基于专业文化、专业职能，所以有其局限性，不能真正上升到经营层面、业务成长层面、企业成长层面来思考人的问题。

真正上升到经营层面，人力资源管理的责任体系就发生了变化。该责任体系不再是人力资源部的事情，而是企业CEO及所有管理者的责任。上升到经营层面后，首席人才官要有企业家思维，要懂人性，不再只是一个专家。首席人才官一定是来自业务一线、有工作经验的人，他不再是"为专业而专业"。

从人力资源部门的定位来讲，为什么要做"三支柱"（COE、SDC、HRBP），其实就是要连接业务，推动战略，服务员工。上升到经营层面，人力资源部门除管理人的能力以外，还进行知识管理和智慧资源的管理。这也就是学者经常讲到的人才经营的"铁三角"。现在面临大量的知识型员工，人力资源部门在对人进行管理时，着重提高人的心理资本价值、提高员工的幸福指数、提升体验的价值。由此，人力资源管理的内容就从专业的职能层面拓展到知识管理、能力的管理以及心理资本的管理。

上升到经营层面，也意味着人力资源管理不以成本、支出为中心，不只着眼于节约成本的问题，而是重视增值。上升到人力资本层面，人力资源管理就不只是要提高效率，还要实现人本身的价值增值；对人的管理也不再是把人简单地作为一种工具或生产要素，而是作为一种价值创造的主导要素来看待。

从经营层面思考人力资源，就涉及对人力资本和货币资本之关系的新认知，涉及对组织与人之关系的新认知：人与组织的关系不再是雇佣关系，而可能是一种平等的合作伙伴关系。当人力资本成为企业的价值主导要素

第 9 章　以经营者思维构建人力资源管理系统化解决方案

的时候，两者之间是相互雇佣、合作伙伴的关系。

2. 企业家的自我超越与领导力提升是人力资源解决方案的前提

重构对人力资源的认知，从经营和治理层面完成对人力资源的开发与管理，面临的最大瓶颈是企业家和高层领导团队的领导力不足。

面对不确定的时代，真正要解决中国企业的问题，首先要解决企业家的问题，即企业家的自我超越与企业领导力的提升。对此，笔者曾提出三点：一个是事业合伙机制。另一个是企业家做自我超越，企业家的自身追求和胸怀不同了，他做企业的格局就不一样了。还有一个是领导力发展计划，包括行动学习、团队学习。

企业高层领导团队在领导力发展这方面还是有很多成功做法的，比如，联想的复盘是在承继的基础上实现领导力的传递；华为的自我批判、团队学习，也是领导力提升的一种原创工具和方法；中粮在 GE 的基础上行动学习、群策群力等。

面对不确定时代，笔者提出新领导力时代的"灰度领导力模型"。最近，微软新任 CEO 萨提亚出了一本书《刷新》，书中讲到了不确定时代重塑领导力的关键要素，其中包括愿景目标、勇于担当等。这与我所讲的"灰度领导力"有很多共通之处（关于"灰度领导力"的内涵见前文）。

实现人力资本价值最大化、效益最大化、效能最大化，需要从顶层设计的层面，从经营人才的思路到领导力开发，再到机制设计的系统解决方案。换句话说，人力资源的问题一定是企业家和企业高层领导团队需要思考的问题，是企业家能否实现自我超越的问题。

3. 转变绩效价值导向，加大人才和研发投入

中国进入品质发展、结构化转型的时代，最核心的是动力机制的转换，

即创新驱动和人力资本驱动。笔者认为，中国企业要通过人力资本创新驱动组织的发展，尤其是推动企业走向创新与品质发展，解决的路径有以下几种。

第一，从企业的角度来讲，要加大对创新人力资本的投入，真正重视人才。

第二，要提高人力资源对企业成长的贡献度，使人力资源真正能提供战略价值、业务增长价值和员工发展价值；要打造人才供应链、能力发展链、员工服务链，真正实现所谓的人力资本驱动。

第三，转变企业的绩效价值取向，也就是绩效考核机制需要转型升级。这个不光是企业的问题，整个经济社会发展到现在也需要重新审视绩效价值导向。绩效评价体系是一个指挥棒，指挥棒往哪里指，人、资源、力量就往哪里聚集。

如果绩效价值取向不改变，还是一味追求GDP、追求规模，不能从规模导向转向有效成长、品质发展，将会出大问题。这些年一些企业出现问题，很大原因就是一味追求规模，而不是追求有效成长、品质成长。没有真正在产品上下工夫，没有在研发上持续投入，就过不了技术关和产品关。华为持续十多年，每年拿出销售额的10％投入研发。据统计，其研发投入是思科和高通之研发投入的总和，甚至超过了苹果的研发投入。华为坚持绩效价值导向，坚持研发和人才的持续投入。这才是真正的解决之道。中国企业要真正提升能力，就是要加大对人才、技术的投入。

企业的绩效价值取向，决定了对人力资本、技术创新是作短期投入还是作长期投入。长期投入就是要重视对人力资本的开发和培训，舍得付出成本；构建长期激励及事业合伙分享机制。

从操作层面来讲，笔者认为要建立一套面向未来的新绩效评价体系，

第 9 章　以经营者思维构建人力资源管理系统化解决方案

这个体系是整个人力资源管理的核心。评价体系要重新建立标准、制定标准，确定什么样的人才符合企业未来发展的要求。绩效评价体系中人才的价值评价体系是核心，包括胜任能力模型、素质模型。

从方法论来讲，绩效管理有几种，其中之一是所谓的 KPI。KPI 仍然很重要，但是要改变单一的 KPI 导向。KPI 是只问结果不问过程，未来既要关注结果也要注重过程，既要关注结果也要注重实现结果的手段，既要看目标实现的程度，也要看目标实现的手段是不是合法、文明。这样，整个绩效评价体系就必然要发生变化。

9.2　全面认可激励与全面价值核算

从人力资本和创新驱动的目标出发，在激励实践方面，两个系统解决方案在企业被大力推广：全面认可激励体系和事业合伙机制激励。

关于全面认可激励体系，前已述及，此不赘述。

事业合伙机制是承认人力资本价值最有效的一种激励机制，这种激励机制不只是提高员工待遇，更重要的是对人的价值尊重，给每个员工提供一个事业平台，让每个员工都能够真正把组织力和个人融入一起。

此外，事业合伙机制也更强调分享的概念，认为重要的是未来不是老板给员工发工资，而是员工给自己发工资、为自己赚钱，老板和员工间不再是单一的雇佣关系。当然，平台和组织要支撑员工的价值创造，老板和员工"共担共创，增量分享"。这是事业合伙机制的本质。

现在为什么很多企业在探索自主经营体模式？因为互联网时代，基于技术，基于价值创造和价值管理，每个人都能核算自己的价值。未来的人力资源管理最重要的是价值核算，对每个行为、每个动作都能核算出价值。

价值有两种：一种是实际的财务价值，另一种是虚拟价值。未来我们谈一次话、开一次会有多大的价值，都可以用分值表达。所谓基于任务管理的本质是每个任务在进行交易的时候可以进行价值核算，如果不能进行价值核算，只基于任务的管理，肯定无法继续做下去。过去人、财、物是独立的三个体系，未来人、财、物是高度融为一体的，不可分离。

由此，数字化人力资源管理也是一个解决之道。数字化为价值核算奠定了基础，区块链为分布式的价值核算奠定了基础。未来人力资本价值全面核算将与人力资源管理融为一体，与企业的价值核算融为一体。

这是一个全面价值核算的时代，也是全面认可激励的时代，与价值相关的是激励。激励机制除了薪酬，还有认可。人的任何正向行为可以被认可或被评价，从而得到相应的物质鼓励和精神鼓励。由全面价值核算到全面认可激励时代，长期激励、短期激励、固定激励和非固定的激励手段等全部融为一体。

9.3　活力与压力并存，持续激活组织

笔者认为，一个组织除了要有活力，还要有压力、尊重人性。活力和压力是两个要素。如果没有压力，人就会懒惰。

从竞争角度来讲，企业第一要遵循小熵理论，不断从平衡到不平衡。所谓激活就是"用水泵把这一池子水搅浑，让它有氧气"，就是要有适度的竞争淘汰机制。激活的前提首先是尊重人性、洞悉人性，所有的人力资源管理策略必须要符合人性。

第二要有压力，即竞争淘汰的压力、目标的压力。人才的激活非常重要，整个组织必须充满奋斗精神。第一，始终充满活力；第二，活力是正

能量的牵引，人能够以超级目标追求倒逼自己；第三，从操作层面来讲，把真正有能力的人选拔出来，让奋斗者脱颖而出，淘汰懈怠的人、不愿意奋斗的人；要建立奋斗的标准和奋斗者脱颖而出的机制。

实现持续激活，标准的建立、机制的牵引非常重要。每个人都要充满危机感，整个企业也要始终充满危机感，有危机感才会有紧张感，有紧张感才能认识到自己的问题，才能够真正去解决问题。

9.4 重新定义干部，塑造新时代的干部队伍

干部包括高层领导干部和中低层干部两个层面，这里所讲的是中低层干部。组织路线确定以后，落地靠的是中低层干部的执行。

互联网时代，干部不仅是指管理者，而是指整个骨干系统。骨干分子既包括传统意义上的管理者，也包括技术骨干、专业骨干，也就是最能创造价值的那批人，也是承担责任最大的人。

笔者一直在主张干部队伍建设的"金三角"——使命、责任和能力，并认为这是干部队伍建设的核心三要素。

第一，在新的发展时期，要重塑干部的使命感。人在为使命而奋斗的时候才会有激情。所谓激情奋斗者，就是有使命感的奋斗者，而不是为了钱才奋斗的人，这两者有本质的区别。真正通过企业创新在全球产业领域取得进步，没有崇高的使命感是不可能的。

第二，责任能够产生理性的力量。这表现在以下几个方面：责任体现为一种承诺，是对企业价值观的坚守与承诺，是对客户价值、员工发展、股东回报的承诺；责任体现了一种敬畏，对守法经营与市场规则有敬畏感，对组织制度与规则有敬畏感，对履行岗位职责有敬畏感；责任体现为一种担当，

所谓担当就是敢于拍板决策，能够抓住发展机遇、自我变革、自我超越，用心做事，用精进之心做事；责任体现为一种完善，是对错误的反省、对自我的反省；责任体现为一种贡献，为组织贡献价值，组织创造绩效；责任体现为一种心理契约，是组织的心理契约，是忠诚于组织、使组织放心的一种契约。此外，责任作为一种管理体系，是责、权、利、能四位一体。

第三，干部的能力建设。这里所指的能力更多的还是带队伍和团队建设的能力。管理干部有两大核心责任，一个是绩效责任，另一个是团队发展的责任。这两大责任担当就涉及相关的能力建设问题，比如，干部的选拔、任用、退出、培养，以及干部的盘点等。

干部管理是中国人力资源管理的一个特色，西方国家没有提过干部管理。现在京东、小米、华为都成立了专门的干部部。

把干部和人力资源分开，实际上是把干部作为一个特殊的人力资本来看待，换句话说干部就是人力资本，就是核心人才。

现在在中国企业里，其实面临一个问题，即如何对干部赋予新的含义。怎样定义干部。现在到了互联网时代，强调人人都是管理者，人人都是CEO。如果仅仅把干部定义为管理者，可能也有一些问题。如果骨干系统中专业强的人不算干部的话，他就没有工作积极性。从专业角度来讲，专业权威绝对比"长官"权威要强，但是在日常工作中专业人士又要听"长官"的指挥，这样就造成在实际的管理中很多难以协调的问题。笔者认为，干部有两个层面的含义：一个是传统意义上的干部，就是指管理者、带队伍的人；另一个层面是指企业的骨干分子，骨干分子就包括了技术骨干、管理骨干、业务骨干。

那么究竟怎么区分干部和非干部？笔者认为能带队伍、带团队是一个很重要的指标，因为团队成员会倒逼领导者提升自己、不断学习，整体提升团队的能力。

9.5 提高组织和人才对战略的适应性

人才激活、干部管理这些都涉及未来组织变革的发展方向。组织要激活人才，使人才价值创造最大化，就要简化组织，要打造敏捷性组织，从传统的金字塔式结构走向网状的结构。

笔者提出了"平台化＋分布式"的组织变革48字方针，以及事业合伙机制的解决方案。未来组织要从强调秩序、规则、管控走向混序、激活和赋能，就一定要有生态的思维、生态的布局。未来任何一个企业组织都不可能游离于整个生态之外，要么构建生态，要么参与生态，要么被生态。

人力资源效能的提升必须要与组织变革结合在一起。就像钱德勒所讲的，"战略决定组织，组织必须要随着战略的变化而进行相应的调整和重构"。很多企业的战略是清晰的，但是因为组织没有跟上战略，没有进行相应的组织变革，使整个企业的转型升级受到了来自组织的约束。就像摩托罗拉、诺基亚最早看到了智能手机时代的战略方向，也做了很大的基础研发的投入，但是因为组织和人才机制跟不上，最后新的战略落不了地，导致企业遭遇致命性重创。

未来如何提高整个组织、人才对战略的适应性很重要。某种意义上，战略通过组织变革和人才机制创新落地，这其实就又回到了人才机制的创新问题。

所有的人力资源管理解决之道，最终还是要回归到机制的创新、制度的创新。只有进行机制的创新、制度的创新，才能真正释放人的生产力，才能解放人才,提升人才的价值创造能力。机制创新涉及几个层面:一是"责、权、利、能",即责任机制、权利分配机制、利益机制、能力发展机制;二是评价机制、约束机制、激励机制、竞争淘汰机制。

头脑风暴

人才经营核心三要素

企业运行最重要的两个要素分别是:一个是经营客户,一个是经营人才。所有的企业最终都要落实到这两个最核心的问题。那么,企业应当如何经营客户?又如何经营人才呢?

经营客户最核心的逻辑在于经营人。企业为客户所提供的产品与服务的背后是人,是人力资源的效能,是人才的素质与能力。人的背后是企业的人才机制、人才制度、人才系统。从这个角度可以说,在所谓的共享经济和产业互联网时代,人才是客户,客户也是人才,客户也能转换为人才。

比如,现在很多"粉丝"既可以参与企业的产品升级,也可以参与企业的市场推广和品牌推广。这时,客户或粉丝也就变成了企业的人才。从这个意义上来说,客户是企业大的人才体系的一个重要组成部分。

人才经营贯穿于企业运行的始终,起码包括以下三个要素。

1. 知识的经营

我们知道,人才并不是企业固有的财富。在知识经济时代、共享经济时代,人才的流动性越发明显。早在1997年,华为就提出了人力资本的增长要优于财务资本的增长,更提出了知识产权领先发展战略。华为并不是以人力资本领先打天下的,而是凭借知识产权领先、知识管理领先赢得先机的。正因为如此,人力资源管理领域提出的新理念是,企业所拥有的知识与知识产权才是企业最大的财富。

第9章 以经营者思维构建人力资源管理系统化解决方案

在此基础上,企业还要有文化。企业拥有了文化和知识产权,拥有了一定量的知识积累,就形成了别人拿不走的财富。有了这笔财富,即使人才走了,知识也会留下来,并使企业形成独特的文化,使竞争对手无法模仿。这就是知识管理。

总之,在人才的经营方面,企业最大的财富是知识。企业所拥有的知识产权是别人拿不走的财富。

2. 能力的经营

一个企业的能力建设,除了领导力的建设之外,还包括业务的技术创新能力的建设。这就涉及专业队伍的建设、业务管理队伍的建设、准企业家队伍的建设,也就是所谓的能力经营。

能力的经营是指如何使员工的能力跟得上企业发展的要求。其方式无非有两种:第一种是能力的引进,即企业从外部引进自己所缺乏的能力,就像现在的乐视从全球各个企业挖人才。第二是企业自主培养能力。企业要使现有人才的能力跟得上企业发展的要求,就需要打造能力的发展系统。

因此,现在特别强调两个链条——人才供应链和能力发展链,通过这两个链条打造能力系统,满足企业战略和业务快速发展的需要。这与领导力、知识、行动的学习、培训系统的本质是一致的,就是通过行动学习,使企业高层能够跟得上企业战略和业务拓展的要求,能够应对客户的需求对企业的能力提出的挑战。

3. 心理资本经营

经营心理,是指对心理资本的经营。它是现代人力资源管理所提出的重要理念,并与企业文化密切相关。

企业如何满足员工的成长和发展需求?如何为人才的成长和发展搭建

一个舞台？如何为人才的价值创造提供好的激励措施和薪酬福利政策呢？为什么很多企业给了员工很高的薪酬，但员工还是不满意？也许是因为分配的不公平，也许是因为企业所提供的人力资源产品与服务让员工没有好的感觉、体验。我们把人才视为客户，就要向人才提供好的人力资源产品与服务。换言之，企业的人力资源产品与服务要有产品属性、客户属性，要让人才有价值体验，从而强化人才对企业的心理认同感。

在互联网时代，企业尤其要进行员工心理资本的经营，具体而言，就是要形成有驱动力的企业文化，不断优化人力资源生态，让员工进入企业之后能够产生主人翁责任感，能够融入企业文化之中，能够本着高度的责任感和敬业精神，有兴趣、有乐趣地工作，并提高他的满意度和忠诚度。现在的人才流动很快，但是企业还是要设法留住那些最需要的、最能够创造价值的人才，同时不断将不需要的人从队伍中清除出去。

总而言之，做企业是在经营客户、经营人才，经营客户最终也是经营人才。上述人才经营的三个要素——知识的经营、能力的经营、心理资本经营，构成了人才经营的"铁三角"，与文化管理、企业内部的文化氛围密切相关，与企业的整个人力资源产品和服务的质量密切相关。

头脑风暴

萨提亚·纳德拉（Satya Nadella）：重塑领导力的关键要素[①]

微软CEO萨提亚在其著作《刷新》中，提出了新时代重塑领导力的几个关键要素：

---

① [美]萨提亚·纳德拉：《刷新：重新发现商业与未来》，北京，中信出版集团股份有限公司，2018。

第 9 章　以经营者思维构建人力资源管理系统化解决方案

（1）给团队一个清晰的目标和决策；

（2）作为领导者，要勇于担当，在困难面前要坚定，要敢作决策；

（3）把团队赋能作为领导力的核心要素；

（4）更加开放、公开地鼓励竞争，面对不确定性和威胁时要充满激情，这是获得领导力环境的重要因素；

（5）让每个人的比较优势最大化，如果不能激发成员的最大优势，领导者无疑是失败的；

（6）和团队一起寻求达成目标的方法，用结果说话，这意味着不仅仅需要领导者有执行力，还必须推动团队时时创新；

（7）帮助团队在长期目标与短期欲望之间达成平衡；

（8）不要简单相信用户，要超越用户所想，但又不能超前太多；

（9）领导者要有洞见，又要有自知之明。

第 10 章

顶层设计落地要点：先僵化再优化

> 从外部引进中高层管理者，或者在内部提拔中高层管理者，首先要重视价值观的问题，能不能认同企业价值观。如果不认同，必定会对企业未来的发展产生巨大的破坏性，最后企业是走不长的。人瑞集团提出引进人才的六字方针：气质、素质、态度。
>
> ——张建国

10.1 辨识顶层设计落地的难点、要点

人力资源管理创新变革最终要落于实践，在实践层面有以下难点与要点。

1. 顶层设计的难点——企业家的认知局限

人力资源管理体系的顶层设计是企业人力资源管理中最基本的问题。很多企业对人力资源管理体系的理解，受企业家的局限性影响。一个企业家可能在某一些产品领域，或者在某一些商业领域很敏感，他的观点比较

第10章　顶层设计落地要点：先僵化再优化

领先、有优势，但是对于人才管理方面有可能存在的瓶颈和缺陷，他又很难认知。

任正非之所以被称为一个伟大的企业家，原因在于他有自我批判、自我超越的精神。当年他请中国人民大学的教授去制定"华为基本法"，就是因为在华为发展到那个阶段、展望未来时他认识到自己有盲点、有需要打通的地方，需要借助外力来一起完成系统思考。

华为在1995、1996年的时候快速发展，从两三千人，发展到几千人、上万人，华为到底会成为一个什么样的企业，未来华为的导向、核心理念、管理制度体系到底是什么样的，任正非他自己也没有经历过。但任正非和其他企业家不同的是，他并不以自己的认知水平为企业认知的天花板，而是舍得花大价钱请专家来帮忙。那一个阶段有管理学、哲学、历史学、财务、经济等方面的几十个专家与他做思想碰撞，花了两年时间制定"华为基本法"。

每个人的知识都有局限性，每个人都不可能是全才，这很正常。任正非成功的关键在于能够不断地吸收别人的知识、经验，不断地突破自己的局限，提升自己的认知水平。"华为基本法"把华为的"经络"打通了，有了一个系统化的思维，并完成了顶层设计，如"华为基本法"中大量提到人力资源和人才的问题。20年以后，中国很多企业还没有认识到人力资本的重要，甚至对人力资本的概念还是模糊的。这就是具体的差异。

很多企业在建立人力资源体系、人才管理体系时的最大问题是受老板认知水平和思想境界的局限性，造成了行为没有改变。企业家个人的认知局限性很多时候就是企业进行顶层设计的局限性，这是人力资源管理当中遇到的具有根本性，也具有普遍性的一个难题。

2. 顶层设计的要点：人才领先战略

很多企业在进行人力资源管理的时候都以现实问题为导向：遇到什么问题，解决什么问题。但往往是解决了当时的问题，过了一段时间会出现新问题，而且没有先导性。所以企业的人力资源管理部门总是处于被动应付问题的状态，就谈不上支撑战略。这背后的根本性原因就是没有完成顶层设计。

人力资源顶层设计包含的内容很多，但首先要思考的是企业的核心竞争优势是什么、靠什么领先。有的企业靠产品领先，还有的靠成本领先，还有的靠人才领先，这就是不同的经营理念。如果企业的定位是靠成本领先，那就不需要招一流的人才，而以尽可能便宜的价格使用人才。当然我们不能说靠成本领先就是错误的，只是这样做的企业做不大、走不远。

企业要想做得大、走得远、活得久，变成一个伟大的企业，靠成本领先局限性就非常明显了。那靠产品领先行不行？产品是有生命周期的，互联网技术正使产品推陈出新的速度加快，从而靠产品领先难以成为企业持续保持竞争力的核心优势。而且过于依赖产品的市场机会会导致企业忽视培育持续发展的核心竞争优势。这也是很多企业的存活周期取决于产品的生命周期的原因。

什么才是一个企业真正的领先优势？笔者认为是人才领先战略。"华为基本法"中谈到了企业成长的四要素：机会、人才、产品、市场。这四要素之间的关系是：用机会牵引人才，由人才来创造产品，再靠产品获取更大的市场机会，从而形成一个正向循环。

华为为什么能做笔记本电脑？这是大家想不通的问题。中国的电脑鼻祖是联想，这是毫无疑问的。为什么现在能够在笔记本电脑方面与苹果一

第10章　顶层设计落地要点：先僵化再优化

较高下的是华为？因为华为洞见到了机会——电脑和生活已经连在一起，然后华为要抓住这个机会，就必须配置最好的人才，但人才从哪里来呢？就是从外部市场，把最优质的人才挖过来。

优质的行业人才为什么能来华为？一方面是因为华为能给这些人一个事业平台，另一方面是因为华为给这些人足够高的待遇。一流的人才创造了一流的产品，一流的产品又给华为带来一系列的市场机会，可以进入笔记本电脑这个市场。

华为手机的成功是一样的道理：在20年以前中国的手机品牌中有华为吗？没有。

当时电视广告做得特别好、通信产品卖得特别好的企业为什么在今天没有产生如华为水平的手机？原因就是在顶层设计的时候，很多企业没有真正想清楚理念和价值观导向，只是想把企业的规模做大，没有真正的事业理想核心和人才优先战略。

3. 顶层设计执行落地：先僵化，再优化

一个企业在建立人力资源管理体系的时候，顶层设计的理念很重要。企业在顶层设计的时候要注意两点：第一，理念定位是不是先进的，是不是符合行业未来的竞争力？这一点非常重要。第二，一定要制度配套，具体而言，是指企业的评价制度是什么样的，是不是符合价值导向；分配制度怎么样，能不能激励大家不断地去创造。

华为号召大家学雷锋，鼓励大家学雷锋，但是，"不能让雷锋穿破袜子"。只有这样，才能让大家持续地往前走。为什么华为有这么多人往前冲？也是因为华为的利益机制和内部的员工期权激励机制，使员工前赴后继。全员持股，全员所有，每个人都在为自己奋斗，为未来

奋斗。

很多企业想在短时间内迅速建立人力资源管理体系，甚至想一夜之间把人力资源突然改变。其实这样是做不到的。从操作上讲，一个企业要真正完善一套绩效考核体系，需要一两年的时间；一个企业真的要把薪酬体系设计好，要半年以上的时间。薪酬体系和考核体系相融合，又需要一年多的时间。也就是说，搭建起一套人力资源管理体系，而且实际运作起来，至少需要三年的时间。

综上而言，关于人力管理体系的顶层设计与落地有三个要点：一是认知的问题，要打破企业家个人思维的局限性，要积极借用"外脑"。二是理念的问题，顶层设计中要有人才领先战略。三是落地执行的问题。顶层设计要与落地制度相配合，要不断与业务磨合，才能真正有效推行。另外，人力资源管理不是一个人力资源部的责任，而是企业家和企业全体管理者的责任。

10.2　干部是决定因素，如何找到气味相投的干部

1. 引进干部为何失败案例多

企业战略确定以后，干部就是决定因素。但干部队伍建设和管理问题恰恰又是很多企业的难题。企业引进职业经理人，基本上以经验为导向，看重职业经理人的从业经验及背景、资源、履历等。但是大多数情况下，职业经理人进入企业以后却做不长久，失败的背后原因是什么？这方面有成功的案例，也有失败的经历。

以企业在引进职业经理人失败时，经验和能力固然重要，但笔者认为

第10章 顶层设计落地要点：先僵化再优化

更重要的是核心价值观。从外部引进中高层管理者，或者在内部提拔中高层管理者时，首先要重视价值观的问题，看对方能不能认同企业价值观，如果不认同，必定会对企业未来的发展产生巨大的破坏性，最后企业是走不长的。

2. 遵行"六字方针"找到志同道合的人

笔者以为，现在企业招人的时候，要遵循六个字：气质、素质、态度。

什么是气质？这里说的气质并不是指人长得漂亮、气质高雅，而是指他的文化理念、价值观与企业的能够一致，所谓气味相投，即认同企业的事业追求，有共同的职业理想、职业价值观。

什么是素质？这里的素质是指一个人的学习能力，以及具备的基本特质。对新人而言，企业的工作环境、业务特征、业务的发展阶段都是不一样的，而且本身行业也在不断地变化，所以这个人自身的学习能力、不断适应环境的能力、不断提升自己素质和条件的能力，都很重要。如果他不能改变自己，只发现别人的问题，不会根据企业的新情况进行调整，找到行之有效的工作方法，那么这种人注定无法成功；如果他做不到学习新知识，那么他将很难适应新的企业、新的环境。

什么是态度？态度是指新人到企业以后是愿意投入做事，还是倚老卖老，总是摆老资格，只愿意坐镇指挥，而不到一线去实践。如果没有这样的态度，前面两点再好也没有用，因为这样的人不是企业需要的人，他到这里不是为了创业，对企业事业的发展起不到真正的作用。

只有这三点同时具备的人，才有可能到企业以后真正地适应，真正发展得更好。企业在选拔、招聘中高层干部的时候，这三点至关重要。

当然，被选拔上的新人到了企业以后还有生态环境的问题，如果生态环境太差新人也无法留下来。所以，企业的干部聘用要注意两点：第一是选择，第二是生态环境的建设。这两方面结合起来才有可能打造一个比较优秀的中高层团队。

10.3 薪酬体系设计两个关键词：动态和成果

面向未来，企业的绩效考核与薪酬体系设计应该不同于以往。现在的绩效考核和薪酬体系设计究竟有什么特点？现在的绩效考核设计更加注重团队的目标，而不是完全KPI的个人指标。薪酬体系设计呈现两个特点：一是形式更加多样化，包括期权、奖金、分红等。二是更加动态，与成果更加相关。

在分配机制上，在部门负责人、管理者的分享之外，还包括员工的集体分享，以及在集体分享基础之上的个人分享。笔者认为，企业在设计薪酬体系时，首先要考虑的是团队的成功与否，不能只看个人业绩好坏。团队业绩不好，企业就不可能创造好的业绩。团队要取得好的业绩，需要将员工的利益与团队的利益紧密相关，而不是依靠"超级英雄"式的员工。当然，在促进团队成功的情况下，一定也要重视如何对个人进行分配的问题。

同时，企业内部的单元可以划小，层级可以减少，越小越灵活。以经营单元为主体进行薪酬设计等，就可以实现结果考核和薪酬分配的动态设计。以前的部门设置很复杂，大家都为某一块工作负责，每个人只为自己有多少业绩、有多少奖金考虑，没有为整体的业绩考虑。

实际上，互联网时代的人力资源薪酬体系设计，有一个核心变化要把握住，即，从原来以职能、岗位为导向的薪酬制度转变为以任务为导向的奖励机制。现在整个人力资源管理模式的变化，其核心就是在从以工作职责、岗位为导向转变为以任务为导向。

10.4 以开放思维灵活配置人才

在互联网环境下，灵活用工是一种新的人力资源管理的思维模式，可以提高人力资源管理的柔性，提高效能，降低成本。

为什么这么说？因为外部市场环境变化太快了，企业的业务战略需要快速响应市场变化，企业的人力资源怎么支撑业务战略，组建灵活高效的员工队伍？

比如一个新经济模式的咖啡店，它需要在三个月内完成在全国各大城市的布点任务，需要四五千人来支撑。这时候完全靠公司自己去招聘和培养，综合成本非常高不说，也是很难实现的。但对专业的人力资源服务公司来说则不是问题，因为它们有一套体系化的招聘模式，也知道在哪里能快速地招到人。

灵活用工将成为人力资源管理的一个核心内容，因为：第一，它能快速响应市场机会。当市场机会出现的时候，企业不可能从头开始招人、培养人，但是通过与外部人力资源服务公司合作的方式能把想要的外部人员快速组合起来，响应市场的反应，抓住机会，快速把业务做起来。

第二，它可以实现成本可控和人力资源效能提升。很多企业目前内部用工的数量、人工成本，还不能作为一个经营单位去核算，但对于一个专业的人力资源服务公司来说可以进行经营核算，这个时候成本是可控的。而且灵活用工模式下人力资源以项目制的方式来运作，以经营目标为核心来配置和管理，效率就成为团队的核心关键词。关于灵活用工在互联网时代的价值后文会有阐述，这里就不展开了。

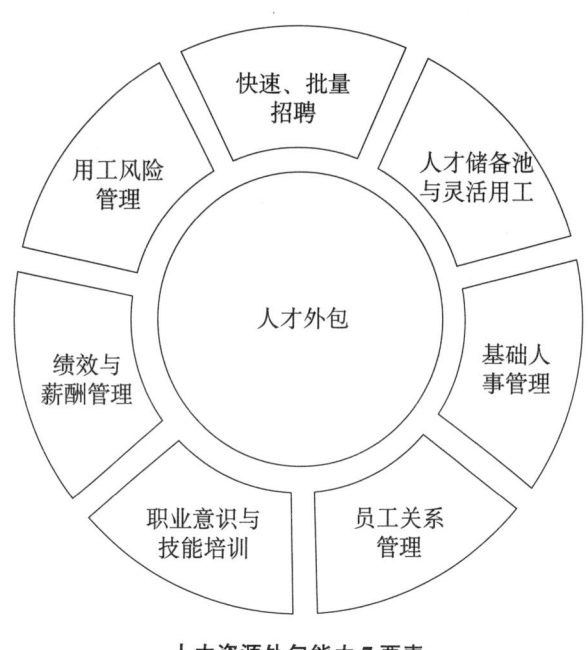

人力资源外包能力 7 要素

（快速、批量招聘；人才储备池与灵活用工；基础人事管理；员工关系管理；职业意识与技能培训；绩效与薪酬管理；用工风险管理；人才外包）

10.5　技术支撑和数字化驱动

前文讲了很多关于人力资源管理创新的理念和方法，这些理念和方法之所以能落地，能成为互联网时代人力资源管理的主流，原因在于技术支撑和数字化驱动。

比如绩效考核、价值核算，要实现价值核算，前提是整个业务过程和每个工作行为都有数据，自动进入数据库。专业的人力资源服务公司之所以能快速地为企业匹配人才、管理人才，原因就在于它们有数据库，形成了数据管理。比如某专业的人力资源服务公司的招聘激励体系中奖金的核算就是依据每个外包员工在给企业提供服务过程中的数据；外包员工的面

第10章 顶层设计落地要点：先僵化再优化

试、入职、流失补充等过程都有数据的记录。考核也是基于数据，如流失率、目标完成率，比如，某个项目团队某个月一共做了5个客户，每个客户分别完成率是多少、总的完成率是多少、KPI的指标是多少、中间的成本是多少，等等，全部都有记录。

技术驱动人力资源管理，通过技术的平台提高人力资源管理的效能。

第 11 章

打造基于价值观的战略人力资源管理体系

> 很多企业不是缺文化,也不是缺管理,而是没有把人力资源管理和企业文化、制度融合起来。从人力资源管理的角度来说,一定要文化和价值观先行,而不是等企业做大了以后才去思考企业文化。在发展初期就要有意识地塑造价值观,这样,企业才能在文化价值观的引领下形成做大做强的内在力量。
>
> ——张建国

11.1 把全体管理者变成人力资源管理者

很多企业不是不重视人力资源管理体系建设,但在实践中往往走走停停、时断时续,没少花时间和精力,但效果却不尽如人意。原因就在于对一些根源性问题认识不到位,改变得不彻底。

1. 常见的认识误区

第一,企业认为建设人力资源管理体系是人力资源总监的事情。怎样

第11章　打造基于价值观的战略人力资源管理体系

才能建立有效的人力资源管理体系？很多企业对这个问题没有完整的概念，往往寄希望于请一个"牛人"或"能人"来搭建管理体系。比如，老板对新招来的人力资源总监说："我给你两年时间把企业的人力资源管理体系建立起来。"两年限期到了，绝大多数的情况是人力资源总监没有构建起老板希望的体系，于是老板把原因归咎于请来的人力资源总监不给力，将其辞退了事，再换一个人来重起炉灶。但事实上，人力资源管理体系构建是整个企业的责任，是企业战略的一部分，并不是一个部门、一个人的事情。

第二，老板对人力资源管理的认知落后。很多老板只关注业务、战略目标，并不关注人力资源与企业的经营目标、战略目标的关系，不知道怎样让人力资源与企业的经营、战略目标结合起来。还有一些企业的老板还停留在人事和专业模块化的认识上，始终认为人力资源管理就是发工资、招聘人、做一些员工活动。认知决定格局，格局决定决策，决策决定行动，认知落后必然影响到企业的发展。

第三，理不清楚企业文化和人力资源管理之间的关系。很多企业没有认真思考企业文化与人力资源的关系，企业文化与人力资源管理在这些企业中经常被当作是两种职能，由两个或多个部门分别各自完成。很多企业不是缺文化，也不是缺管理，而是没有把人力资源管理和企业文化、制度融合起来。

2. 刷新三方面的认知

事实上，构建企业的人力资源管理体系并不是一个新命题，今天我们再谈人力资源管理体系构建，要有整体的思考，要有系统新思维，不能在"旧衣服上套新马甲"。时代在变，企业要变，管人的人要优先发展，管人的人、服务于企业的人要优先改变思维，要刷新三方面的认知。

一是要思考怎样把业务管理者变成人力资源的管理者，让各个层面的管理者都变成人力资源的管理者。在企业实务中，很多业务部门认为人力资源部门给它们带来了负效能，总是给它们"找事儿"，这实际就是因为它们没有转变思维，没有认识到人力资源部门和业务部门之间存在一体两面的关系，业务部门的管理者最主要的事情应该是把人管好。人力资源的角色更多的是"教练"，不一定是"运动员"；人力资源是一个营销者，要把人力资源管理思想推销给各层管理者和员工，让他们很好地进行人力资源的管理工作。这是人力资源部门的职责定位。

二是搭建人力资源管理体系要基于未来业务发展，注重对人才潜质的发现和培养。很多企业在这个问题上缺乏认知。企业在招聘人才的时候不能只关注有直接经验的人，而是应该关注有学习能力和创新能力的人。招对人比用好人更重要，在招聘时要重素质而不是重经验。

三是人力资源管理体系的架构不能只从六个模块思考问题，也不能仅从三支柱平台思考问题，其核心还是要与业务融为一体。一个企业在不同的发展阶段有不同的问题特征，一个企业在不同的行业也有不同的核心竞争要素。人力资源管理一定要与企业自身的业务和特征紧密相连。

3. 注重文化价值观和人力资源的联系

我们观察一下会发现，越是高效率的成功组织，越是有明显的企业文化特征，比如华为、万科、海尔、联想，各有自己的文化。为什么它们这么注重文化？

一方面，这与中国人的社会文化心理有关系。中国人追求在事业中实现人生理想。中国员工做一份工作不单是希望获得一份薪水，还希望能在

第11章 打造基于价值观的战略人力资源管理体系

工作中实现人生理想,所以企业文化要满足员工的这一价值诉求和内在心理需求。企业文化要能入心入脑,才能唤起人与企业共同的价值追求;用同一种文化看待一个问题,才能达成默契。另一方面,任何企业的制度都是建立在文化假设基础之上的,如果员工不了解企业的文化,对制度的理解和判断就会不同。制度是企业文化价值观的体现,应通过制度保障将文化落实到人的行为上。

所以怎样解决企业文化的问题很重要:首先,要有价值理念的导向;其次,要通过管理制度把文化落地;最后,文化和管理要能够触发员工的心灵和行为。这是真正的企业文化意义所在。

11.2 以工作任务为中心灵活配置人才

1. 从以岗位为中心向以工作任务为中心转变

以前的科学管理思想,基本上是基于生产体系,以岗位为中心、以工作任务分解作为过程管理来提高效率。在现代经济的思维下,企业的经营管理不再以岗位为中心,也不是以人为中心,而是以基于内外部客户需求的工作任务为中心。

在以岗位为中心时,企业的组织架构设计比较稳定,比如按照研发、生产、销售等设置三个部门,再分别设置岗位,按照岗位的职责进行管理、考核、评估,并依此确立工资水平等。这是一个相对较为固化的组织体系,在传统经济时期是有效的。这样一种管理与组织体系,当时是从部队被移植到企业中的。当时的科学管理、有序管理,形成命令式的管理。

为什么这种管理方式在现在中会失效?因为原来的管理体系只是对上

负责，互相之间的协作要通过部门之间一层一层地上报进行沟通、决策，响应速度慢。在新的经济时代，在快速响应客户需求、响应变化的要求下，企业管理需要从传统经济思维转变为现代经济思维，以岗位为中心要转变为以工作任务为中心。这个体系转变的最大特点是：可以快速响应客户的需求，以工作任务为中心打破部门的隔阂。

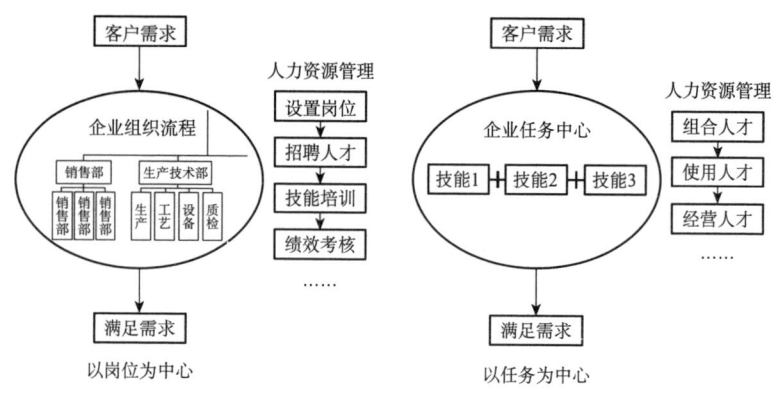

以任务为中心的核心，是以客户为中心，人力资源管理转向经营思维

以岗位为中心到以任务为中心

2. 从六大职能机制到人才经营机制

企业管理从以岗位为中心转变为以工作任务为中心后，人力资源管理就要求是柔性管理、任务管理，而不是刚性管理、岗位管理。人力资源管理也要从六大职能转变为人才经营机制，即怎样组合人才、使用人才、经营人才。另外，考核的方式也会发生改变。彭剑锋教授谈到人才"为我所有"转变为人才"为我所用"，笔者以为，人才不必都为我所有，因为工作任务出现的时候才需要人才，工作任务结束后人才再多也没有意义，能一起完成任务才有价值。因此，对一个企业而言，能否基于任务快速组合人才，关键在于它是否建立起人才经营机制。

人力资源管理从传统经济思维到现代经济思维的转变，是管理理论基

第11章 打造基于价值观的战略人力资源管理体系

本结构的改变,它将导致人力资源管理模式的巨大改变。人力资源管理模式要适应以工作任务为导向的组织模式,这个组织模式更加灵活,更加能快速响应客户需求;决策也更为贴近客户和市场,而不是基于行政命令。这种转变也呼唤人力资源管理建立更多的灵活组织机制,比如,项目小团队、阿米巴组织等以任务为导向、以客户为中心的灵活组织。

当然,当人力资源管理的重心和模式发生变化后,相关的机制制度一定要配套,否则改革很难落到实处。比如不以岗位为中心后,激励制度要更加注重结果导向和利益分享,要与项目结果、经营结果相关联,而且要及时奖励。

3. **实现人才灵活配置**

灵活组织的前提是人与岗的动态配置、人才的灵活配置与使用。

在对人力资源具体的管理中,人才的配置问题尤为重要。以前企业的人才配置是基于编制,每年年初做人员编制的预算,按照预算招人、配置。现在需要改变这种方式了,因为业务的形态会不断地改变,业务目标也会不断地调整,机会来时业务目标可能比原来高,需要超出编制的人才数量;环境改变时也可能业务目标缩小,不需要招很多人才。人才配置应该是基于业务调整进行动态配置,如果还是按照过去那种基于编制的方式进行人才配置就会导致有时候缺人、有时候人多、有时候来的人不合适。这是企业当中很现实的具体问题。

国内外企业的实践证明,灵活用工是一种更加灵活、更加多元化,也更贴近业务的用工方式,比如,可以使用自有的员工;也可以通过任何方式与外部合作,进行项目外包;也可以是人才外包的组合。这样,企业的用工成本一定是最低的,工作的效率也是最高的。

举个简单例子，以前绝大多数企业都是从学校里招人，经过两三年的培养以后才能业务熟练。但是如果企业遇到大的市场商机，采用传统招人方式，等到两年以后人才是成熟了，但良机可能早就已经错失。对此，更好的办法是围绕业务多样化地组合人才。

人力资源人才配置要有多元化的思考，既要基于未来，又要基于现实，还要考虑与人工成本相结合，不能不考虑成本。

总体而言，从传统经济到新经济，人力资源管理的基础发生了改变，从以岗位为核心、以人为核心转变成以工作任务为核心。这是一个核心要点。

11.3　职能上移、责任下沉

怎么做到职能上移、责任下沉？首先，把一层一层的管理者变成一层一层的经营者、责任人。经营者和管理者不是孤立的概念，在实际的工作中是紧密相连的。当以工作任务为导向的时候，如果只把团队的负责人当作管理者，他就不可能有动力把任务完成得最好，所以一定要把他变成经营者。当每个层面的人力资源管理者都变成经营者、责任人时，他的工作出发点就变成了要把团队里的员工管理起来、激励起来，更好地完成任务。

如果业务部门没有管理者的责任感，不知道如何与员工沟通、不知道如何激励员工，人力资源管理也难起到作用；不管怎么制订计划、设计指标等，都很难产生效果。要把管理者变成经营者，人力资源部门的首要任务是培训这些管理者去掌握有关人力资源管理的技巧和方法，提升他们的领导力与管理能力，而不是去替他们做考核表，替他们进行考核，替他们

第11章 打造基于价值观的战略人力资源管理体系

计算奖金。

把管理者变成经营者,把管理者变成人力资源管理者,则整个企业的人力资源管理和经营管理相结合,与战略目标相结合,自然就会完成战略目标。

其次,考核方面不是以人员配置作为指标,而是以人均产能作为导向。在人员的管理上,不依据编制是多少人,因为编制是动态的、不固定的;要以人均产能为导向进行业务调整,"业务做得好人多配,业务做得不好人少配",这样,会使绩效差的人不断被淘汰。同时,考核指标更多的是经营化、动态化的内容。

既把人均产能作为考核指标,也把它作为人员配置的标准。在企业考核人均产能的时候不断地提高人均产能的指标,比如,一季度的时候人均产能是 5 万元,三季度的时候人均产能是 7 万元,这样就提高了组织效能和人均利润,即通过指标的动态设置来提升效能。

11.4 洞见未来,文化领先,成长为本

1. 从开始就植入文化和价值观基因

人力资源管理体系也许不需要在一开始就求全求大,但企业文化建设并不是等企业做大了以后才考虑,而是从企业诞生时起就为人力资源管理注入文化基因。企业的愿景和道德底线,即哪些钱坚决要去赚到、哪些钱坚决不能赚,从一开始就要明确。如果一个团队没有共同的价值观,它就不会有很强的凝聚力,那么这个企业就可能做不大。即便企业规模大了以后,团队各做各的,互相之间矛盾冲突会越来越多,企业就会很快崩溃。这个时候不是靠制度管理,而是靠文化管理。

小企业如果有要成为大企业的梦想，在小企业时就必须思考自己的文化和价值理念是不是能够代表未来、是否符合未来的事业空间。如果不符合未来的价值观，怎么可能变成一个大企业？如果只是种下一颗小草种子，那么无论如何是长不成参天大树的。从人力资源管理的角度来说，一定要文化和价值观先行，而不是等企业做大了以后才去思考企业文化。企业在发展初期就要有意识地塑造价值观，而且要影响一批人，起码要影响十个人，这十个人又能影响十个人，就发生裂变，影响一百个人，这样，企业才能在文化价值观的引领下形成做大做强的内在力量。如果总是以小企业的思维方式来做，可能活得很好，但是做不大。华为的可贵之处是在自己是小企业的时候，就用大企业的思维方式，注入了做大企业的基因、能成为参天大树的基因。

2. 开放整合，借力外脑。

很多企业的人才战略具有非常大的局限性，受老板局限性的影响，老板的思维能力决定了这个企业整体的思考能力。一个企业真的要做大，不要被自己的思维局限，一定要开放自己，一定要让外界注入一个人力资源管理的战略思想。企业请咨询公司非常有意义。华为当初邀请彭剑锋教授编写"华为基本法"，"华为基本法"奠定了华为后来的稳定发展。华为在快速发展过程中雇用了大量的咨询公司，如生产管理用德国人的，财务管理用KPMG的，研发管理用IBM的。很多企业的老板在管理咨询方面不愿付出成本，却热衷高费用的饭局。

企业有关经营战略，一定要善于利用外脑的思想。很多人把"华为基本法"解读为一种管理思想，其实它最大的贡献是把任正非的思想"经脉"打通了，在两年多的"华为基本法"编写过程中，华为与历史学家、

第11章 打造基于价值观的战略人力资源管理体系

哲学家、管理学家、人力资源专家等进行思想碰撞,使自己的"经脉"被打通了。

但是很多企业家没有这样做,他们摆脱不了自己的局限性,甚至自以为是,越有钱越把自己放得很高,不会借鉴外部专家的思想及外部的经验和知识。

3. 洞见未来,超前规划

人力资源管理战略与体系构建不能指望重金请一个成熟的人力资源业务伙伴来就可以完成。例如,华为当时建立薪酬体系的时候,起初也认为自己能够做,因为华为的员工都是高学历的人才。在1996年,华为专门成立了工资改革小组,小组成员是二十多位高层干部。但是每次开会他们都未能达成共识。每个部门都认为自己很重要,互相争吵。这个时候如果华为无法建立治理体系,那么后来当员工人数发展到一定规模时必然会有灾难。1996年,华为使用了 Hay Group 的工资设计方法,建立了华为的薪酬结构体系。当时华为仅几千人,现在23年过去了,华为有二十余万人,还能适用这个体系。

可见,一个企业的人力资源管理体系的顶层设计,以及构建将顶层设计落地的战略人力资源管理体系,一定要有未来思维、成长思维,要有洞见性,要思考企业未来5年、10年甚至更长时期的发展需要。一个企业最怕的是管理上的不断动荡,管理的动荡会使企业的业务出现很大的问题。一个企业要建立人力资源管理体系,从人力资源管理的战略架构来说,还是要发动企业家和领导团队聘请高水平的外部专家、专业的咨询顾问,帮助作梳理,提供战略方案,让企业有系统化地思考,尽可能规避企业发展中的各种陷阱。

在人力资源方面，从六大职能管理转换到人才经营管理；在组织体系方面，从人才所有转换到人才所用；在经营理念方面，从经营成本转换到经营效能。把这三个要素有机地结合起来，就能不断增强企业的竞争力，促进企业的持续良性发展。

头脑风暴

灵活用工与"弹性企业"

灵活用工是指在完成规定的工作任务或固定的工作时间长度的前提下，企业根据调整现行雇佣制度的法律法规，通过使用兼职人员、劳务合作、工作任务外包、短期用工、人力资源管理与服务外包等多种用工方式，帮助实现企业人力资源队伍的快速调整、精确匹配、弹性管理和敏捷适应环境变化。

在人力资源研究领域，灵活用工体现了企业弹性使用人力资源的方式。弹性使用人力资源代表着组织为了应对内、外环境的变化所采取的具有灵活性的人力资源处理措施，其核心是强调组织对环境变化的适应力、柔韧性以及反应力。阿特金森博士于1984年提出弹性企业模型，他将企业的人力资源弹性划分为两种类型：数量弹性和职能弹性。数量弹性是指企业面临市场和生产需求变动时，能够及时改变人力投入的数量与种类，不因变动而产生人员不足或过剩的情况，使企业保持生产人力的最佳适量。职能弹性是指企业发展员工的技能，使他们适应不同的工作内容，以便迅速响应市场需求与产业变化。阿特金森根据这两种弹性和组织工作的特性将一个企业中的劳动力分为核心员工群和外围员工群两个部分，形成弹性企业模型。

第11章 打造基于价值观的战略人力资源管理体系

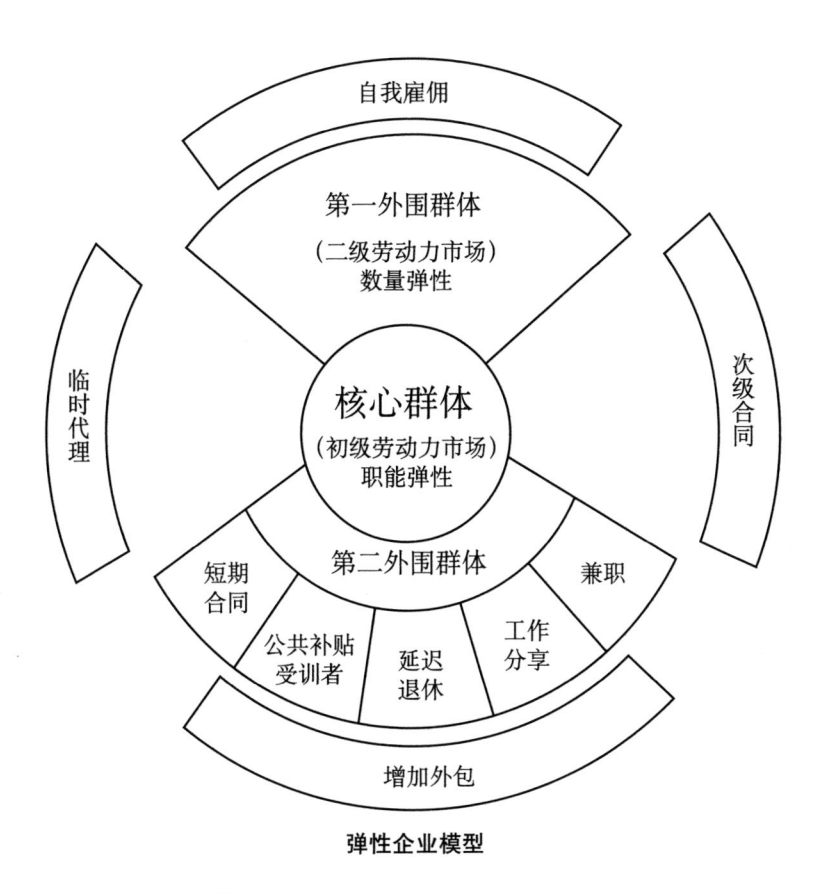

弹性企业模型

第五篇 人才生态化：灵活配置，利他取势，构建开放、共享的人才服务平台

第 12 章

灵活用工：利他取势的生态价值平台

> 企业可通过外包的形式拥有人才：需要时用，不需要时将人才交给需要的人去用——这就是精准的配置，它解决了企业冗员和工作量不恒定的问题，降低了过去稳定用工的闲时人工成本，使企业能够用最经济、最有效的方式去使用人才，实现了企业价值的最大化和人力资本价值的最大化。
>
> ——彭剑锋

12.1 人才管理之"活"的现实价值

未来人才管理的关键词，就是一个"活"字。那什么是"活"？笔者认为"活"表现在以下几个方面。

第一是人与组织、人与岗位要实现动态配置。

第二是人才的价值创造方式更加灵活，每个人的内在潜能被释放出来，同时，组织价值创造的能力得到提升，实现了整个组织价值的最大化，激活了其价值创造的活力。

第三是人与组织、人与岗位间的关系从单一的、僵化的配置走向灵活和充满活力。

过去为什么要把人绑定在企业当中？因为人与组织的关系是以岗位为核心的，是固化和僵化的。但未来的组织不再是以岗位为核心的了，它采取了以工作任务为核心、分布式的组织形式。当平台拥有大数据，了解了双方的特点与需求时，就能够根据供给端与需求端的算例进行精准配置。这是平台化第三方最大的资产。

第四，人才的退出与再配置的机制更加灵活。

12.2　灵活用工将成人才市场化的主流模式之一

在数字化、智能化时代，组织和人的关系发生了革命性的变化。组织和人的关系从单一的雇佣关系、人身依附关系和剥削与被剥削的关系转化为相互雇佣的关系或者说合作伙伴关系。这样一个大的背景，为灵活用工方式带来了新的市场空间和广阔的市场前景。

为什么说灵活用工拥有广阔的市场前景？是基于以下几个方面的理由。

1. 未来的人力资源管理是从人才所有权思维到人才使用权思维的转化

对于企业来说，过去是雇佣关系，是劳动合同关系，人才只能为我服务，叫人才归我所有。但是在现在和未来，企业更多遵循的是人才使用权思维，不求人才为我所有，但求人才为我所用。

不仅如此，现在和未来的企业还要遵循不求资产为我所有但求资产为

第12章　灵活用工：利他取势的生态价值平台

我所用的思维。所以，现在和未来的企业有两个"淡化"。首先是淡化资产的拥有意识，关键在于资产的运用。比如小米通过平台化运作，连接了很多生态企业和创业型企业家，它只占有这些企业的5%、10%或者不超过20%的股权。而这些企业被纳入小米的平台体系之后，从产品设计、研发，到渠道、品牌、资本，等等，能够整体在平台上运行，并接受平台管理。平台整合了资产和人才，实现了不求资产为我所有但求资产为我所用这样一种理念，同时也顺应了一个时代的大趋势。第二就是淡化人才的拥有思维。

灵活用工的模式之一，就是不求人才为我所有，但求人才为我所用，使企业和员工灵活、精准地配置起来，实现双赢。按照公司治理的理论，灵活用工就不再单一追求股东价值的最大化，它要同时追求股东价值的最大化和人力资源价值的最大化。也就是说，企业通过外包的形式拥有人才——需要时用，不需时交给需要的人去用——解决了企业冗员和工作量不恒定的问题，降低了过去稳定用工的闲时人工成本，使企业能够用最经济、最有效的方式去使用人才，从而实现了企业价值的最大化和人力资本价值的最大化。同时，人才不会被闲置，也就可以实现他价值创造的最大化。

未来，外部世界的不确定性越来越强烈，组织的不确定性也就越来越明显。而应对这种不确定性的法宝之一，就是人与工作的精准配置。灵活用工服务方能够精准地了解企业用人、用工的需求，精准地了解个体的时间忙闲状态，然后，通过精准配置，实现供需双方的有效结合。所以，从公司治理的角度来看，灵活用工能实现股东、企业和人才的"三赢"。

2. 互联网、信息化和数字化为灵活用工提供了扎实的技术基础

互联网、信息化和数字化为灵活用工提供了扎实的技术基础，使互联网时代人力资源管理可以实现跨界与破界。

人力资源管理的传统定义是组织内部人才的科学管理，而在互联网时代，人力资源管理已经延伸到了组织外部。所以，当我们一再强调互联网思维时，人力资源管理的定义是滞后的。比如，"粉丝"、企业的外包员工、第三方服务商所提供的人才，同样是人力资源的一种形态。他们虽然不归企业所有，但是能够为企业所用，因此应该被纳入企业人力资源的管理范畴。

如今，企业已经突破了组织的局限，实现了人力资源的跨越式管理。它包含了"两个破界"：一种是像小米那样，视粉丝为人力资本，或者员工可以是客户，客户也可以是员工，两者的身份是可以相互转换的。另一种是企业与人才之间不必须是雇佣关系，它所重视的是，人才在这个平台上能否得到能力与才华的充分发挥。比如一位中国人民大学的教授，虽然他的劳动人事关系在中国人民大学，但是他可以在清华大学、在上海交通大学、在厦门大学讲课。这时候，这位教授的劳动关系不再重要了，但是他的能力能够在其他重要的平台上得到发挥。未来的人力资源管理体系是开放的，开放人力资源管理系统，使内外人才交融起来。

同时，未来的人力资源管理体系也是连接的。人力资源外包服务公司构建了需求端与供给端最精准的连接和交互服务，实现了全球人才为我所用。这种模式对于那些地处偏远的企业更有价值。落后地区很多企业招聘不到优秀人才，但是如果价格合理，每月、每季度、每年，让优秀人才飞过来工作几天或者一个月，那么，会有很多人跃跃欲试。

第12章 灵活用工：利他取势的生态价值平台

现在，有了技术的支撑，完全可以构建一个全社会的人才价值创造网络，并在这个价值创造网络当中实现人与岗位、人与组织、人与任务的最佳的配置。

3. 灵活用工提高了人才的使用效率，提高了人力资源的效能，使人力资源价值实现了最大化

从成本的角度来讲，灵活用工激活了内部人才，为内部人才带来了危机感。同时它降低了企业的总成本。为什么说降低的是总成本而不是成本呢？一般来说，一些外包服务、管理咨询服务等，其收费有可能不菲，短期内其成本必然是高的。但是，优秀的外部人才为企业解决了问题，他所贡献的是智慧价值而非时间价值，而这是需要以远期效果来衡量的。因此，仅就个案来说，其单一成本未必低，但企业的总成本一定是最低的。

同时，灵活用工还降低了企业人才的摩擦成本、交易成本和退出成本。当前执行的劳动法规使企业面临人才退出成本过高的问题，也会让企业内部的交易成本居高不下。而灵活用工使企业实现了人才的退出成本、人才的再配置成本最低化。

人才退出成本和人才再配置成本，以及企业总成本的降低，使灵活用工不再局限于标准化工种以及临时工、闲杂人员等等，而是延伸到了整个人才价值链和人才生态，使高端的创新型人才、经营型人才、专业化人才等均可被纳入灵活用工的范畴之内，都可以采用第三方服务的方式。因此，灵活用工也不仅仅是人力资源外包，它实际上是一个解决人力资源供给和需求矛盾的第三方服务平台。

灵活用工的价值体现

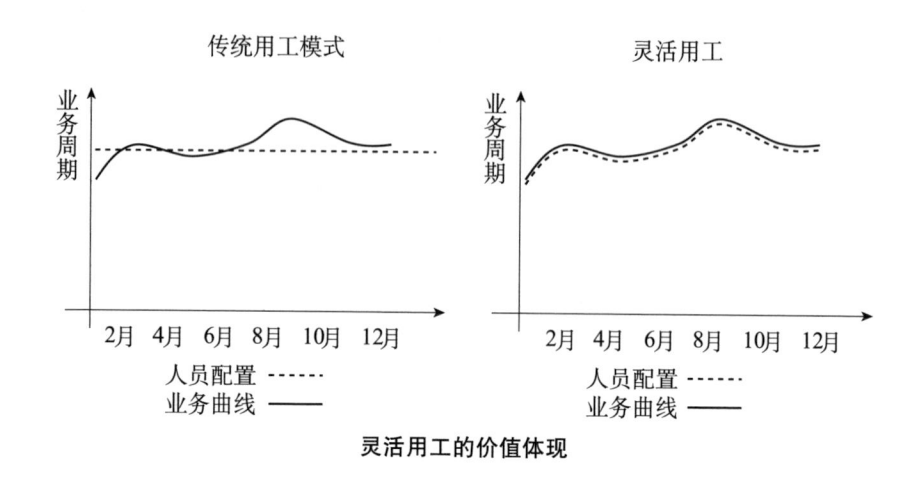

12.3　灵活用工模式推动组织变革的三种思维

现在和未来，企业都会走向平台化、开放化，实现平台和平台之间的相互赋能，实现共生、共荣、共同发展，是一种大的趋势。在这样的趋势之下，人力资源的第三方服务就不能仅采取过去打法律"擦边球"的做法，灵活用工也不能仅仅服务于企业节约内部成本的诉求，而是应该基于以下三个基本思维来进行组织的经营管理变革。

1. 未来的企业，不论形态是公司制还是平台化，最终都要构建生态战略思维

企业与利益相关者间，与合作伙伴之间，不再是单一的二元对立关系，是相互创造价值的关系。在过去，企业与员工之间，随着雇佣关系的终结，因为各种各样的原因，可能突然之间形成对立的状态。但是在现在和未来，因为有第三方服务平台的支持，有了使人力资源价值最大化的连接，企业和员工不论是合作还是不合作，均可以各自找到价值最大化的方式，因此，二者之间就不会成为敌人。这种生态化的思维和布局，实际上解决了雇主

第12章 灵活用工：利他取势的生态价值平台

与雇员之间的矛盾，实现了共生的生态，形成的是利他的趋势。

"利他"是指，生态战略思维既是供给与需求之间的解决方案服务商，同时又构建了一个人才价值最大化和人才配置最优化的生态体系。从战略上看，灵活用工的趋势不再是零和博弈的竞争策略，而是企业、人才和第三方服务商甚至更多利益相关者的共享、共生、共赢、共创。

2. 组织的扁平化＋网状化

它是指未来人力资源管理的组织变革与创新。组织的网状结构与平台化管理是企业实现生态战略的基本模式。其中，网状结构打破了组织界限，实现了彼此的连接，是一种跨界方式。在网状结构下，企业之间的界限被打破，部门之间的"部门墙""流程筒"被拆除，一切围绕客户和生态提供服务。而网状结构必须有平台化管理的支持，其主流的模式在于"组织"。这时，第三方服务商所提供的平台化的服务体系和人才的分布式作业就能够帮助企业实现组织平台化＋分布式，故它毫无疑问是未来的发展趋势。

3. 人才的合伙化思维

通过平台化的第三方服务商，原来停留在派遣层面的人才雇佣上升到了组织和人才之间的相互雇佣，组织和人才之间形成了高度紧密的合作伙伴关系。过去，"劳务派遣"主要针对低技术用工，员工不会因此对企业产生归属感。但是在现在和未来，这种观念需要突破——灵活、自由，人才不隶属于任何组织，有能力就可以服务众多雇主，同时也拥有了更多的选择权，而这种选择权是弥足珍贵的。

所以我们说，在现在和未来，人未必要忠诚于企业，却必须要忠诚于人生的价值追求，忠于自己的专业技能。对于专业人才而言，第一，专业是个人安身立命的"法宝",专业越强、越稀缺,需求越大,在这个网络当中,他的价值就越高;第二,人才的冗余时间能够被充分利用,他就有更多机会为自身创造价值;第三,人才追求的是多样化发展,需要有更多跨行业的经验。在同一个企业当中,人才的十项技能往往只能用上两项、三项、五项,久而久之,其他的技能就会因为得不到发挥而受到抑制。但是,人才利用自身的专业能力,在企业之间有序流动时,就能够实现原有能力的持续巩固,同时也能够实现能力的学习和突破,提高自身的综合能力和复合能力。

所以,人才未必要追求归属于某一个企业,而是要忠诚于自己的职业价值取向,忠诚于自身的价值和能力。而当拥有更多的选择权、更加自由的时候,人才的一切工作行为都是自发自愿的,而不像依附于企业的员工,工作还是休息,并不是自己完全能够决定的。因此,这种用工模式更加彰显人才对自己专业的忠诚。

4. 全球视野的人才整合

现在和未来的社会是开放的系统,人才是高速流动的。那么,对于企业来说,要真正吸纳一批天才人才,包括人物、牛人、能人,就要实现全球人才的整合。未来,灵活用工并不限于低端人才的灵活,同时也应该包括人物、牛人和能人的灵活,要拥有从全球整合这类人才的格局和视野。

综上,笔者认为,如人瑞这样的人力资源的第三方服务商,不仅仅从事简单的劳动派遣,还扮演了人物、牛人和能人的经纪人角色。因此,它未来的业务边界和商业模式不会局限于"外包人力资源服务",而是带领企业走出人力资源管理误区,带来了思维方式和用工模式的改变。

第12章 灵活用工：利他取势的生态价值平台

12.4 生态化、科技型的人力资源外包服务平台

1. 现代组织成长曲线对人力资源外包服务平台的要求

现代组织的成长曲线不是平滑的，很多互联网企业呈爆发式增长，因而，它的增长曲线也是爆发式、突变式的，与之相对应的人力资源需求曲线也是不确定的。社会人才的供给无法满足该类企业颠覆式创新的商业模式、突变式的成长路径和爆发式的需求，只能依托更加了解社会需求与供给的第三方服务商。

专业的人力资源外包服务平台通过大数据和专业服务，能够解决种种不确定性带来的人与组织、人与岗位配置的不确定性，实现人才的精准配置。这也是第三方服务商会有很大的成长空间的原因。它能够打破工业文明时期人与岗位的固化和僵化，能够打破组织的相对固化和僵化，可以实现因人设岗。

在新的组织成长曲线下，对灵活用工的理解和使用就要发生转变：人力资源外包服务公司要从过去的以节约成本为主要目标，向满足需求、精准配置、提高人才效能和人力资源价值创造的活力转化，实现人与岗位的灵活配置、人与组织关系的动态合作，以及提高企业应对外部的不确定性的能力。这几点对很多互联网公司和颠覆式创新公司来说尤为重要。

过去，人力资源外包服务公司仅仅是人力资源的搬运工，但现在和未来它们是一个职业能力的提升平台，是赋能的平台和快速适应组织的能力发展平台。过去针对低端人才，它们不能作出精准配置，但未来，高端人才也会被纳入它们的服务范畴，同时它们也会为人力资源提供就业前的技能培训。

从商业模式来说，人力资源外包服务、灵活用工将是一个非常广阔的

市场，因为它顺应了时代变化对组织和人力资源管理提出的新要求，符合互联网时代以价值实现为中心的大趋势。

专业的人力资源外包服务公司已经走出了一条道路，相信将来它们不仅会实现规模的进一步扩大，还能够带动整个中国人力资源管理的升级，包括观念、思维、技术和商业模式的升级。这是灵活用工、人力资源外包模式的发展趋势。

2. 人力资源外包服务平台应具有四个特征

未来的人力资源外包服务公司也一定是高科技企业，它们一定会完成从低端产业、没有技术创新向高科技企业的转变，这种转变是基于大数据、基于精准的算例、基于算法的。所以，从本质上看，它们就是大数据公司，其核心竞争能力是数字化、算例和算法。

因此，笔者认为，未来的人力资源外包服务平台至少要具备以下四个特征。

第一，它是实现供给与需求最优精准配置的第三方平台化服务商。

第二，它是稀缺人才的经纪人，是稀缺人、高端人才的共享平台，可以实现高端人才与供给需求方的对接。

第三，它是数字化驱动的高科技公司。平台化的人力资源外包服务公司一定会掌握供需两方面的信息，其核心技术能力包括海量的数据、独特的算例和自己的底层算法。

第四，实现人力资本价值最大化。人力资源外包服务公司不仅可以让社会资源得到有效利用，社会效率得到提高，而且能减少人才退出交易的成本与摩擦，有利于建立和谐的劳资关系，使组织变得更灵活、更有效率，使组织充满活力。此外，它提升了人力资源的效能和效率，帮助企业和个人实现了价值的最大化。

第 13 章

共享、破界、开放：灵活用工的思维模式

> 从发展的眼光看，现在和未来人力资源管理一定是打破企业的边界，实现资源配置的社会化，站在经营者的角度，在社会范围内经营人才。现在和未来，开放、破界、共享将是实现人与组织价值最大化的最优思维。专业人力资源服务平台 R 集团以"1+1＞2"的服务理念，专注于核心业务，以技术驱动服务效率，致力于帮助企业解决新时期的人力资源管理难题。
>
> ——张建国

13.1　共享——灵活用工的价值内涵

在数字化、智能化时代，组织和人的关系发生了革命性的变化。组织和人的关系从单一的雇佣关系、人身依附关系和剥削与被剥削的关系转化为相互雇佣的关系或者说合作伙伴关系。这样一个大的背景，为灵活用工

方式带来了新的市场空间和广阔的市场前景。

过去，人们所理解的灵活用工是把一些非核心人员以灵活的方式配置起来，为企业服务。比如，临时工、基建工等，都是采用灵活用工的方式。一些企业在聘请劳务、服务人员时，也可以有不同的用工方式，包括计时、计件等等，根据不同的工作性质采取不同的雇佣方式。

虽然以上种种都是灵活用工的方式，但是仅仅这样理解是狭隘的。比如，很多企业的业务是有波峰和波谷之分的，就像网络电商在"11·11"活动中需要大量短期的雇员。那么，当短期雇员的劳动合同怎么签？为了降低成本，企业可以将这段时间外包给人力资源外包服务公司，由它们来解决短期用工的问题。

此外，还存在企业核心经营人才的问题。如果他们拥有对行业的深度理解，拥有前端的思维和综合性极强的判断力，这时，他们就完全可以成为灵活用工的对象。

比如教授在多个大学任教一样，企业外聘顾问或专家团队，并采取多种手段对他们进行激励，事实上也采取了一种灵活用工的方式。事实证明，这样的用工模式非常有效，一方面可以发挥顾问、专家的积极性；另一方面，也使企业获得了更高的价值回报。

再如，在共享经济的时代，滴滴等打车平台与顺风车司机等之间是没有劳动关系的，有的只是业务合作关系：顺风车司机等可以根据自身的时间灵活安排接单，呼叫平台即时结算。

以上对企业来说都是用人机制的问题，如果企业人力资源部门能够从经营的角度去思考，灵活用工就是一种柔性的快速响应，同时是适合不同人群的配置方式。

第13章 共享、破界、开放：灵活用工的思维模式

13.2 破界——灵活用工的现实路径

可以说，灵活用工事实上打破了企业内部的局限性，是一种柔性的、面向社会劳动力市场的快速调节方式。它不是简单地从人力资源管理的角度，而更多的是依据人力资源经营的理念去看问题。

一个企业该如何经营人才？首先，它的用人机制要突破组织界限，跳出企业，瞄准整个劳动力市场。其次，对企业人力资源部门来说，它要把人力资源的功能设置社会化，在大的平台上完成这样一个构想，把人力资源的服务职能平移到社会结构当中去。这时，人力资源外包服务公司就应该成为企业的第二人力资源部。但它的运营模式与企业人力资源部的运营模式是完全不同的：前者有着非常明确的目标考核体系和KPI指标，对每个服务环节都有相应的工作流程和人员配置，从而从组织组织体系上保证了更高的效率。所以它是一个更加社会化的人力资源部。它搭建了一个平台化的人力资源管理体系，构建出了一个人才交易的生态链，以及人才的进入和退出机制，实现了从人才为我所有到人才为我所用的转变。

从发展的眼光看，一个企业的人力资源部要真正做好人力资源管理，就不能像以前那样，站在企业内部，以一个职能部门的眼光来思考问题，要站在经营者的角度，在社会范围内经营人才，否则，企业的人力资源管理工作只能越做越窄。

13.3 开放——灵活用工的发展基础

当前，中国企业对灵活用工、人力资源外包方面的认识还处于初级阶段，与发达国家的认知尚有距离。根据市场调研的结果，中国目前灵活用

工的比例在劳动力市场还不到1%，而日本可以达到5%，美国已经达到了10%。为什么在这些发达国家灵活用工的比例这么高？这与它们的企业的经营理念、管理方法息息相关。美日企业所经历的市场经济的过程更长，在不断的摸索中，其市场供需状况、企业经营方式也在不断地改变。而中国企业对灵活用工在很多方面还存在误解，因此，需要部分参照发达国家在企业经营、人力资源管理方面的方法。

实现灵活用工的优势，需要中国企业有开放的用工思维，需要互联网技术的支撑，当然也需要高专业水平的人力资源外包服务公司通过自身的平台化、生态化思维来推动。未来，灵活用工在中国具有发展前途的，原因有以下几点：

第一，越来越多的企业具有开放思维和创新能力。如人瑞目前的人才外包业务主要是锁定一些新经济企业或者"独角兽"企业。这类公司的思维、理念活跃，有创新意识，接受新事物的能力快，有着对人瑞服务模式的基本理解和认可。它们这种敢为天下先的精神和他所认同的许多新观念、新事物，都是未来企业学习的方向。而作为人力资源第三方服务平台的领先者，人瑞也因自身的创新能力、思维的开放程度和资源配置能力而成为自身领域的"独角兽"企业。我想，这也是同类企业发展的一个方向。

第二，新经济模式的助推。人类当前遇到了有史以来最新的一种经济形态——共享经济。共享经济有很多可能性。比如，一些青少年通过在线网络教育实现了低成本的一对一的课业辅导，甚至有的语言还可以实现跨国的培训。这就是共享经济带来的商业模式。同理，滴滴模式也是PC时代所无法实现的。

第13章 共享、破界、开放：灵活用工的思维模式

第三，灵活用工同样有赖于技术发展的支撑。未来，灵活用工方式的比例会增大，很有可能超过美国10%的比例。美国这10%更多是从企业的经营模式、提高效率的角度来思考的，移动互联网经济对他们产生作用也是近几年的事情。而近年来，技术发展的各种因素的组合为中国的灵活用工带来了更大的空间，超越美国是指日可待的。

第四，中国有独特的市场条件。中国因市场广阔、人口众多，新的服务模式更容易产生。比如，中国已经进入到了移动支付的时代，但美国很多人还习惯于开支票、刷信用卡的阶段。包括快递、外卖，中国市场也远比美国市场更加发达。这是因为中国城市人口居住集中，劳动力众多带来的新的业务模式。未来，随着技术的不断进步，随着经济运作方式的改变，劳动方式、雇佣方式等会发生更加灵活的改变，在技术的推力下，这应该是一种必然趋势。

13.4 "专业化＋平台化"：灵活用工的价值体现

在人力资源管理发展的大趋势中，对于人力资源外包服务公司来说，非常重要的两点就是自身的专业服务能力和平台价值。如果做不到，任何趋势也无法激发企业的活力。历史是向前发展的，中国企业的服务方式、用工方式将会越来越专业化和社会化。在这种趋势之下，如果人力资源外包服务公司不能寻找到自身的价值所在，仅仅定位于帮助企业打法律的"擦边球"，那么未来，它必然会为历史所淘汰。

因此，一个人力资源外包服务公司，不仅要从企业的需求出发，也要从人才的需求和自身角色出发来看问题、找定位。它既应该是平台，也应

该是桥梁。

1. 专注于核心业务，以技术驱动服务

人力资源外包服务公司的客户价值在于，在降低需求侧成本、保障利润的同时，还能最大化保障劳动者的权益。这是非常考验人力资源外包服务公司的专业水平的，它涉及对这三个角色的清晰定位和思考。

人力资源外包服务公司秉持的管理理念应是"1＋1＞2"。人力资源外包服务公司专注于核心业务，致力于帮助企业解决用工问题，让企业专注于其自身核心能力的发挥。这两个"1"发挥各自的优势，加起来一定是"＞2"，大于两企业单打独斗所能达到的价值之和。"1＋1＞2"是人力资源外包服务公司存在的社会责任和价值所在。

以共享单车为例。2017年春节以后，共享单车的市场突然膨胀起来，进入快速发展的轨道。其中该行业第一的A公司在半年之内将市场扩张到了155个城市，包括很多的三四线城市，车辆运维人员迅速增长到5 000人的规模。在这种情况下，如果A公司全凭自己招人，那它在各个城市加起来最起码要设置一百多个人力资源岗位，专职处理招聘、入/离职办理、考勤、工资核发、社保费缴纳、劳动关系处理等等事宜。但是，临时组织起来的团队的专业能力是很难得到充分保障的，因为社会上一时没有那么多人力资源专业人员的供给。

并且，在企业快速发展的时期，扩张是不确定的，人力资源也就没有任何计划可言。经常是这周确定下周的几个目标城市，然后马上就要在一周之内在这些地方各招10～20个人。一周之内解决一两百个人规模的招聘，相当于快速抢滩登陆，企业如何做到？这个时候，A公司求助于某人力资源外包服务公司R集团，由R集团提供人力资源外包服务。半年之内，R

第13章　共享、破界、开放：灵活用工的思维模式

集团不仅为 A 公司五千多位在岗员工提供服务，也承担了 A 公司一万人次以上的招聘和入离职办理。

2. 灵活使用，有序退出

人力资源外包服务公司的业务范围包括招聘和考核业务，也包括人员的正常或非正常流动。在 2017 年年底的时候，共享单车行业的业务开始下滑。这时，并购成了这类企业新的核心。从 2018 年开始，A 公司的运维人员规模陡降到了 2 000 人。这就意味着，在短时间内，A 公司要有数人的离职规模。按照传统的处理流程，A 公司需要支付高额赔偿金和补偿金，并且若处理不当，极易会引发多少社会事件。但是，因为这些用工人员的劳动合同是和 R 集团签订的，R 集团无须支付大量的赔偿金，只需将他们推荐或安排至与 R 集团合作的有用工需求的企业。

对此，R 集团专门作过测算：利用人力资源外包服务公司解决企业高速发展期的用工问题，与企业独立解决此类问题相比，前者的综合用工成本比后者至少降低了 20%，而供人能力至少比后者提高了 50%。这就是人力资源外包服务公司所起到的平台作用。

如果一家公司在快速发展阶段基于业务开始搭建自己的人力资源体系平台，可能商机已经永远失去了。而专业的人力资源体系平台经过多年实践的积累，把很多企业的好的经验沉淀了下来，变成了平台的服务和产品本身。这种积淀，能够使该类平台为企业提供人力资源的战略服务，为企业避免裁员成本，为劳动者降低失业风险。同时，在处理工伤事故方面，该类平台也有更加专业的方法。这些都是人力资源外包服务公司的价值所在。

经营者思维——赢在战略人力资源管理

> **管理实践**

某互联网公司的人才外包实践[①]

一、项目背景

中国某领先的互联网技术公司（以下简称 Y 公司）旗下有多个业务板块，业务持续增长并不断创新。Y 公司多年来一直采用传统的雇佣模式，未见明显的不足，员工队伍也较为稳定。但随着业务的变化，移动互联对传统的用工模式提出了新的挑战：业务迅速上线时快速批量完成招聘的压力、对新员工的培训和持续跟进的要求、业务调整或淡旺季用工给人力资源管理及用工成本带来的挑战、国家放开二孩政策后传统雇佣模式用工风险的增加。而与此同时，灵活用工受到越来越多的大中型企业，尤其是互联网类型企业的欢迎，企业纷纷在使用灵活用工过程中受益，通过企业管业务、人力资源外包服务公司管人的方式，实现管理效能的提升。

从 2015 年开始，Y 公司与 R 集团就开始合作 RPO（招聘流程外包）业务，委托 R 集团为其基础岗位批量招聘。经过一年的时间，双方在招聘合作上建立了良好的信任和达成了满意的交付结果。到 2016 年年初，双方开始就人力资源外包合作深入沟通，Y 公司人力资源管理团队及业务团队最为关心的两个问题为：外包后如何保证业务的稳定性？外包后既有自有员工，又有外包员工，双方的薪酬福利不同、管理模式也不同，如何保证团队的稳定性？

基于客户关心的两个问题，R 集团团队做了精心的准备，提前调研和了解了 Y 公司的各业务现状，提供了详细的解决方案，并就方案与 Y 公司

[①] 参见冯喜良、张建国等：《灵活用工：人才为我所有到为我所用》，北京，中国人民大学出版社，2018。

第13章　共享、破界、开放：灵活用工的思维模式

人力资源部和业务团队经过多轮深入的交流，达成了外包的共识，从2016年正式开始了外包的合作，半年时间从一个城市推广到全国3个城市，多达8个事业部，一年时间外包员工在岗超过1 000人。

二、项目实施

1. 保证业务稳定

R集团在为Y公司提供外包服务过程中，为确保业务的稳定性，坚持三点。

第一，招聘标准不变，即：虽然部分岗位外包出来了，但招聘的标准不变，R集团作为专业的人力资源外包服务公司，把招聘环节进行模块化分工，每一个环节的服务内容和关键KPI都同步给Y公司，确保过程可控，而最后的offer环节由Y公司亲自把关，所以并不会因为外包而降低人员的进入门槛和员工的质量。

第二，培训机制不变。R集团对员工进行入职培训，包括：公司介绍、公司文化、员工手册、规章制度，以及职业素养、职业技能、团队管理等通用素质类培训；而Y公司负责对员工进行业务技能的培训。

第三，管理机制不变。Y公司对R集团的外包服务设定考核指标，R集团将项目考核指标转换为员工的绩效指标，原则上一脉相承，管理和考核机制不变。

2. 保证团队稳定

针对Y公司担心的实行人力资源外包后团队中有两种不同的用工形式，新老员工之间如何融合，新员工可能会对比自己与老员工的薪资福利差异，老员工可能担心以后自己也被外包出去，从而互相影响，导致团队稳定性降低的问题，R集团将其他项目上对员工管理、团队融合积累的成功经验，

迅速嫁接到该项目，并持续创新改善。

（1）新员工（外包员工）：关注情感。

从新员工入职第一天开始，R集团提供给新员工三重关爱：一是R集团驻场HR，提供入职引导和完善的后勤保障；二是Y公司的业务培训导师，负责教授业务知识；三是为每位新员工安排一名资深员工作为师傅，以老带新，持续跟进新员工的业务提升。

为了更好地促进新员工的融入，弱化"外包员工"的身份差异，R集团与Y公司一起设计了各种小环节以更好地提升新员工的融入感，例如：

一场组长见面会：在新员工课堂培训期结束，即将入组时，提前铺垫组长的优秀事迹，制造期待感。组长闪亮登场后与员工和谐沟通，消除其入组前的迷茫和恐惧。

一场师徒午餐会：入组后的小师傅需提前邀约新员工共进午餐，畅谈未来，增进友谊。

一场班前会：新员工参加未来班组的班前会，了解即将共事的同事情况和班组氛围；

一份绩效模拟单：让每位新员工在入组前拿到一份模拟成绩单，了解在即将加入的班组的绩效竞争中自己的位置和短板。

（2）老员工（自有员工）：心态调整。

Y公司引进人力资源外包用工模式后，针对可能出现的老员工担心自己也被外包出去等团队不稳定因素，Y公司与R集团一起组织了一次老员工沟通会，鼓励老员工说出自己的担心，通过官方的解答，打消老员工的疑惑；通过内部的意见领袖积极传递正能量，老员工很快统一了思想。主要从以下两方面进行正向宣导。

第13章　共享、破界、开放：灵活用工的思维模式

第一，外包的原因是业务激增，公司编制受限，需要增加人手缓解业务压力。

第二，一切如旧，并不会因为外包，影响在职员工的绩效、奖金、福利等，一切由业绩说话。

3. 激活团队活力

通过持续的数据追踪和与Y公司业务的紧密互动，R集团提出建议，对在岗一定周期（如1年以上）、绩效排名前10%的员工，提供择优竞聘转为正式编制的机会。Y公司对此也给予了极大的支持，最后约有5%的员工，通过Y公司的转编考核，晋升为正式编制，岗位也扩展到运营、培训等，从而打通了员工的职业发展通道。

与此同时，在Y公司自有员工团队中，由于有外包员工团队的一池活水，在不胜任淘汰方面，做法更加规范起来。连续绩效不达标，经过培训或者转岗仍不能胜任的员工，按要求被淘汰，持续补充新鲜血液进入。通过一年半的良性运作，Y公司实现了内外循环，建立了一个稳定的人才蓄水池，团队良好的竞争性和活力，日益明显。

三、项目服务价值

通过与人力资源外包服务公司的合作，Y公司在以下几方面收获明显。

（1）降低了综合用工成本：Y公司的薪酬福利体系在市场上整体竞争力较强，因此基础岗位的综合用工成本也高于市场平均水平，主要体现在绩效和员工福利上。R集团承接该项目后，对标当地同类型岗位薪酬水平进行合理调整，使新招外包员工的薪酬水平在市场上也具备一定的竞争力；在员工福利方面，重点从创意策划入手，提高"90后"员工的参与感，从而使整体组织氛围融洽。

（2）激活了团队活力：如前所述，自有和外包两种用工模式并行，反而更好地激发了员工的积极性，而且组织保障方面的奖优罚劣、鼓励优秀，让团队的士气、竞争力、稳定性都得到了较好的提升。

（3）探索了多种用工模式：随着Y公司业务的扩张，季节性用/退工、实习生、劳务报酬发放（高额的劳务税）等都带来了新的挑战。R集团利用全国性平台的优势，及对各地财税等政策的深度理解，在合法用工的前提下，为Y公司设计出了多种灵活用工新模式，极大地提升了Y公司业务的灵活性，帮助Y公司在激烈的市场竞争和新兴的业务板块，迅速站稳脚。由于人员补充到位、用工灵活，Y公司无后顾之忧，多条业务线都在业界都取得了遥遥领先的位置。

头脑风暴

灵活用工的全球发展历程与趋势[①]

从发达国家所经历的历程看，随着劳动力市场发展成熟度不断提高，劳动力市场的灵活性不断上升。从全球范围看，劳动力市场中的雇佣合约期限呈现缩短的趋势，兼职、临时工、自我雇佣等灵活就业形式比例提高。20世纪90年代以来，发达工业化国家不稳定雇佣关系增长快速；发展中国家经历了非正规就业平稳快速的上升过程；中东欧、中亚的转型国家也经历了劳动力市场灵活性增强和非正规化的过程。

从第二次世界大战结束后直到整个20世纪70年代，主要发达国家的劳动者和企业享受到了一段繁荣的稳定时期，随着生产率的提高，工

[①] 参见冯喜良、张建国等：《灵活用工：人才为我所有到为我所用》，北京，中国人民大学出版社，2018。

第13章　共享、破界、开放：灵活用工的思维模式

人的实际工资和个人收入不断上涨。雇佣稳定性的增加和收入水平的提高使雇员（尤其是白领、管理层和专业人员）的忠诚度提高，雇佣期限更长。许多雇员工作在"内部劳动力市场"中，这个市场具有一系列特征：长期受雇于一个雇主；沿着企业内部职位阶梯晋升；所规定的工作与确定的职业生涯相联系；基于价值、资历或者其他一些相关综合素质的个人薪酬。

在"内部劳动力市场"，一般来说，雇主和雇员都不会向外部市场开放或者申请职位，这些空缺都依赖内部的受过专业训练、有才能的人晋升来填补。

在这一阶段，企业对人力资源的管理主要采用了刚性管理的方式。第一，企业的每个员工都是一定组织的成员，有固定的工作岗位和规定的工作任务。各级组织相对稳定，其所属成员及其工作不得随意变动。第二，企业用严格的规章制度约束员工。企业每个员工都要严格遵守企业各项规章制度，按照规定完成工作任务，违反规章制度或未能完成工作任务要受到处罚。第三，企业实行高度集权的命令和指挥。企业管理的各项大权均集中在企业最高领导层，实行集中领导、统一指挥，下级对上级的命令、指挥必须服从。

但是，企业人力资源队伍长期固定不变、劳动者和企业形成长期的雇佣关系的后果是难以根据市场需求进行及时的调整。

20世纪90年代初，随着市场竞争的日益激烈、信息技术的快速发展以及全球化的到来，科层体制存在的前提条件发生了根本性变化，外部环境由稳定性变为极具变化性和不可预测性。

社会环境的不断变化，要求组织机构趋于灵活而富有弹性，以求信

息畅通并行动敏捷，能够具有很强的对环境的适应能力。组织设计中再造、重构成为讨论的焦点。扁平化组织、多功能团队、流程再造、学习型组织、虚拟企业、战略联盟、网络组织等概念纷至杳来。

在调整组织结构以适应外部竞争的同时，企业也开始采用灵活用工的方式及时调整劳动力队伍的规模、工作安排和工作时间。在20世纪90年代企业已经采用了多种形式的雇佣：临时工、兼职、工作分享、顾问、签约以及租赁等。很多雇员喜欢有这种选择权，因为能够拥有更加柔性的时间，能够选择他们工作的地点、工作方式和最喜欢参与的项目。企业人力资源队伍的调整也变得更加灵活化、弹性化，这既有利于发挥下属人员的专长和创造精神，又有利于企业领导把主要精力集中在战略决策问题上。

进入21世纪，灵活用工正在从企业微观的操作层面向战略性层面转变。从微观来讲，企业的灵活用工主要关注对组织、个人的柔性管理，以提高员工满意度为核心，实施各种灵活的管理措施来缓解刚性管理带来的压力。目前很多企业越来越注重采用各种措施，帮助企业员工获得工作的灵活性，实现工作与生活平衡；也越来越注重提高组织柔性管理的程度，帮助组织增强应对内外部变化的灵活性。

从战略层面来讲，人力资源弹性是指在人力资源管理中，灵活调整人力资源结构、员工数量、工作内容、工作时间与员工薪资等因素，以满足企业对不同层次、不同水平、不同模式的人力资源的需求。当组织在面临内、外环境变动所产生的压力时，应用灵活用工战略能使组织有效地作出适当反应，而且不同的组织在遇到不同的环境冲击时，也会发展出不同的灵活用工策略。

第13章　共享、破界、开放：灵活用工的思维模式

随着人类社会整体上跨入移动互联网时代，市场交易成本急剧下降，在新技术、新业态、新模式的带动下，企业的外部竞争环境呈现复杂、动荡、不确定、不可测的新特点，企业的人力资源管理面临规模不经济、绩效不稳定、法律限制、就业习惯等诸多挑战。在移动互联网时代，企业希望能够实现与劳动者的快速、精准匹配，企业用工的时候就能找到匹配的人，上岗以后不用培训就能产生绩效而且绩效是持续的，当业务发生变化的时候还可以很容易地结束雇佣关系。

后　　记

　　人力资源管理的根本目的不是管控，而是激活和价值创造，要让每一个人都成为价值创造者并有价值地工作。经营企业本质上就是经营人才、经营知识，互联网时代要重构管理思维，要重新认知和定义组织中的人，以事业合伙制重构组织与人的关系，构建人才价值生态平台，为人赋能，激活人、成就人、发展人。

　　基于多年的企业管理实践和人力资源专业服务实践，我们深刻地认识到：企业只有从经营者的思维高度来看待人才，从企业持续成长的追求视角来经营人才，构建战略人力资源管理体系，运用文化的力量、体系化的力量、新技术新方式的力量，公正公平地评价价值创造、激励价值创造，才能实现企业组织成功与个人价值实现的双赢。

　　本书跳出西方传统的企业人力资源管理框架，探索基于中国文化根基的人力资源管理思想，以及新技术引领下的人力资本经营理念。

　　本书既全面体现了我们的人力资源观，又比较体系化地提出了在互联网、大数据及智能化时代，中国企业如何充分发挥人力资源价值，实现企业持续成长的思考、建议。这些思考、建议可高度浓缩为一句话，那就是：以经营者思维，赢在战略人力资源管理。

　　本书最终能够出版，要特别感谢华夏基石企业管理咨询有限公司、《洞

后　　记

察——华夏基石管理评论》主编尚艳玲女士。她承担了本书的文字整理、编辑和整体结构设计工作；在本书的编写过程中，她投入了大量的时间和精力，补充了许多实际的资料和案例，对于提高本书的完整性和鲜活性作出了很大的贡献！

还要感谢尚女士的助理编辑文二霞女士、人瑞集团副总裁刘艳女士以及公关品牌部的同事，他们为本书的出版做了很多支持性工作。

由于时间的关系，本书肯定会存在不足。我们与每位读者一样，还需要继续探索中国人力资源管理的新思想、新理念、新方法。在中国企业变革与转型的历史新征程中，我们希望与更多的企业管理者一道去创造中国企业的新辉煌！

彭剑锋　张建国

2019 年 6 月

图书在版编目（CIP）数据

经营者思维：赢在战略人力资源管理/彭剑锋，张建国著．—北京：中国人民大学出版社，2019.8
ISBN 978-7-300-27146-0

Ⅰ.①经… Ⅱ.①彭… ②张… Ⅲ.①企业管理-人力资源管理-研究-中国 Ⅳ.①F279.23

中国版本图书馆CIP数据核字（2019）第147767号

经营者思维
——赢在战略人力资源管理
彭剑锋　张建国　著
Jingyingzhe Siwei

出版发行	中国人民大学出版社		
社　　址	北京中关村大街31号	邮政编码	100080
电　　话	010-62511242（总编室）	010-62511770（质管部）	
	010-82501766（邮购部）	010-62514148（门市部）	
	010-62515195（发行公司）	010-62515275（盗版举报）	
网　　址	http://www.crup.com.cn		
经　　销	新华书店		
印　　刷	北京联兴盛业印刷股份有限公司		
开　　本	720 mm×1000 mm　1/16	版　次	2019年8月第1版
印　　张	16.25 插页2	印　次	2023年12月第8次印刷
字　　数	181 000	定　价	75.00元

版权所有　侵权必究　印装差错　负责调换